死の不安に向き合う

実存の哲学と心理臨床プラクティス

Staring at the Sun : Overcoming the Terror of Death

著：アーヴィン・D・ヤーロム Irvin D. Yalom
監訳：羽下大信
訳：上村くにこ 饗庭千代子 宮川貴美子

岩崎学術出版社

私の恩師、ジョン・ホワイトホーン、ジェローム・フランク、デイヴィッド・ハンバーグ、そしてロロ・メイに捧ぐ。

彼らは私を介して、この本の読者に波及作用をもたらすだろう。

まえがき

この本は、「死」に関する考え方をまとめたものではない。数千年このかた、それこそ数限りない書き手が死すべき存在としての人間について精魂を傾け語ってきたのだから、そもそもそれは無理なことなのである。

それゆえ、私はこの本は、死と向き合う私自身の経験をもとにつくり上げられている。ほかの人と同じように、私にも死への怖れがある。それは人間に必ずついて回る影のようなものである。私個人の体験、クライエントとの作業、またその際に役立った先人たちの思考を紹介しながら、死の恐怖を克服するために私が学んだことを述べたいと思う。

本を書くに当たって、たくさんの方々にお世話になった。まず出版にかかわってくれたサンディ・ディークストラと、編集担当のアラン・リンズラー。彼はこの本の形と焦点を定める助けをしてくれた。また、友人や同僚たちが草稿の一部を読んで助言をくれた。デイヴィッド・スピーゲル、ヘルバート・コーツ、ジーン・ローズ、ルーセリン・ジョセルソン、ランディ・ウェインガルテン、ネイル・ブラスト、リック・ヴァン・レーネン、アリス・ヴァン・ハルテン、ロジャー・ウォルシュ、ロバート・バーガー、モーリン・リラ。この本のタイトルとなったロシュフーコーの箴言を教えてくれたフィリッペ・マーシャル。さらに、私の親友で、長年にわたって歴史に関する確かな知識をもたらしてくれたヴァン・ハーヴェイ、ウォルター・ソッケル、ダグフィン・ファラズデールにも謝辞を述べたい。またフィービ・ホスとマイケル・ジョーンズは優れた編集技能を発揮してくれた。私の四人の子たち（イヴ、リード、ヴィクトール、ベン）は貴重な助言者であり、いつもに変わらず妻のマリリンもよい本が出来上がるよう、私を叱咤激励してくれた。

しかし、一番の謝辞をささげるべきは、私のクライエントたちだろう。彼らには仮名で登場してもらったが、当人にはすぐにそれが自分のことだとわかるはずだ。皆それぞれに死の深い恐怖を語ってくれた。そのことは私にとって最高の栄誉である。彼らは本の中で自分の物語を紹介することを承諾し、匿名性を守る手立てを一緒に考えてくれた。また、本の一部あるいは全部を読んでアドバイスをくれ、彼らの経験が波及作用を生み起こし、この本の読者がそこから知恵をくみ取ることを喜んでもくれた。

目次

第一章　人は死ぬ

悲嘆が私の心を引き裂き、私は死に怯える。（ギルガメシュ）

自分に目覚めることとは、無上の贈り物であり、生きることと同等の宝である。それによって、人は人になる。しかしそこには小さくない対価が生ずる。それは「人は死ぬ」という事実を知ってしまうことである。人は成長して花開き、しぼみ、やがて死ぬ。それを知ることが人に長い影を投げかける。「死」の影は歴史の最初から人を脅かしてきた。四千年前のバビロニアのエピグラフに残るのは、英雄ギルガメシュが親友のエンキドゥの死を前にした、次のような言葉である。「おまえは暗闇となり、私の声は届かない。エンキドゥ、エンキドゥ、死んだら、私もやはりおまえと同じになってしまうのだろうか？悲嘆が私の心を引き裂き、私は死に怯える」

ギルガメシュの言葉はわれわれのものでもある。彼が死を怖れたごとく、老若男女、人は誰でも死を怖れる。この怖れは、あるいは日常の中の不穏な気分に形を変え、また、まったく別の心身症状となって表面化し、もっと直接には、死への不安に駆られ、人によってはその波を丸ごと被ってしまう。あるいはまた、死の恐怖ゆえに生きる幸福や満足を帳消しにしてしまう人さえいる。

哲学者たちは、これまで長きにわたって「人は死ぬ」という事実と対峙しつつ、人生に平和や調和をもたらそうと試みてきた。死の不安に直面した人々に向き合うセラピストという仕事をする中で私にわかってきたのは、古き良き時代の叡智、とりわけ古代ギリシアの哲学者たちの知恵が、こうした今日の状況にピッタリと適合する、ということだ。

私がこの仕事をする上で知的先達としたのは、ピネル、フロイト、ユング、パブロフ、ロールシャッハ、スキナーなど、一九世紀末から二〇世紀初めの精神医学・心理学者、また、古代ギリシアの哲学者、とりわけエピクロスである。学べば学ぶほど、この卓越したアテナイ人の思索者こそ、「実存」を中心に据えるセラピストの魁(さきがけ)だと確信するようになった。こうした由縁で、彼の思想をこの本の通奏低音とすることにした。

エピクロスが生まれたのは、プラトンの死後間もない前三四一年、没年は前二七〇年である。現代では、エピクロスといえば、洗練された感覚的快楽（特にグルメや美酒）を追求する人「エピキュリアン」の語が浮かぶが、歴史的な事実からいうと、彼が目指したのはそうした快楽ではなく、「心の平静に到達すること（アタラクシア）」である。

エピクロスは「医療哲学」を実践した。彼は医師が体を扱うのと同じように、哲学者は魂を扱うべきだと主張した。彼の考えでは、哲学の真の目的はただ一つ、人間の悲惨を救うことである。では、人間の悲惨を引き起こす、そもそもの源はなんだろうか？　エピクロスによれば、それはどこにでも**頭をもたげる死への恐怖**である。死は避け難いもの、という考えに支配されると、それはあまりに恐ろしく、生きる喜びは消え失せ、何をしても満足が得られなくなる。彼はこの死の恐怖を軽減するための、相当に有効な思考実験をいろいろと試み、展開している。私個人のことでいえば、彼のこの思考実験によって自分自身が死の不安に直面した際にも助けられ、さらにはクライエントへの援助の手助けにもなってきた。この本の中でしばしばエピクロスの思想に言及することになった所以である。

私個人の経験やクリニックでの仕事からわかってきたことは、死んでいくことへの不安は生涯にわたって繰り返し消長・増減する、ということである。小さな子どもの場合、枯葉、虫やペットの死、祖父母の死、それを悲しむ親、広大な墓場など、あれこれの死の暗示に取り囲まれ、曝されている。彼らは、死をそのものとして観察し、その不思議を想い、そして両親のするように、沈黙を守っているのだろう。もし彼らが、死の不安を口にしようものなら、両親はうろたえ、慌ててそれを鎮めようとするはずだ。なだめすかす言葉を探し、そんなことはまだずっと先のことだと話を逸らし、復活・永遠の命・天国・再会など、死を否定する物語りで、子どもの不安を和らげようとする。

死の恐怖は、通常、六歳頃から思春期にかけて意識下に潜ることになる。この時期を、フロイトは性の潜伏期とした。そして青年期になると、死の不安は強い力で噴出してくる。一〇代の若者は、しばしば死に取り憑かれ、自殺を考えることもある。今の若者たちを魅了する暴力的なゲームソフトは、彼らにもう一つ別の世界での生殺与奪の権を与える。その中でなら、彼らは死の不安を操作可能なものに変える。あるいは、ブラック・ジョークや、死をあざける歌、仲間とホラー映画を観るなどして、死を挑発することだってある。私も青年期の前半には、週に二回は父の店の角を曲がったところにあった小さな映画館に通い、ホラー映画を観ては仲間と悲鳴をあげ、第二次世界大戦の荒々しいシーンがくり返し描かれるのを、口をアングリ開けて観たものだった。私は思い出す。自分が、従兄のハリーのように、あと五年早く生まれていたら、どうなっていたか、を。彼はノルマンディ上陸作戦[訳注1]で無残にも死んでしまった。そのことを想像し、そしてこの自分が今の年に生まれたのはただの運命の気まぐれだったのだと思うと、ひとり震え上がっていた。

青年の中には、命知らずの冒険をして死に挑戦する者もいる。あるクライエントは、いくつも恐怖症の症状があり、心の崩壊がいつ起きてもおかしくない極度の緊張状態にいた。この彼が言うには、自分は一六歳からスカイダイビングを始め、もう何十回もやっている。今から考えるに、それは、いつもついて回る自分の死の恐怖をなんとかしようとしていたのだろう、とのことだった。

時が経ち、青年たちは、人生の二大事業、職業探しと家族を持つことに気をとられ、いつの間にやら死の恐怖はどこかに押しやられてしまう。それから三〇年も経てば、子どもも家を離れ、自分の仕事の終着点が見え始める。そんな頃、突然、初老期の危機が訪れ、再び、死の不安が巨大な力で襲いかかる。人生も峠を過ぎ、行く末を見晴るかす時、そこにあるのは下り坂だけで、その先は消えゆくのみと知る。この時、死への想念が心から離れなくなる。

死をどんな時にも十全に覚知しながら生きる。それは簡単なことではない。太陽を直視するのと同じで、ほんの一瞬しかできない。一方、人間は恐怖に取りつかれたままでは生きていけない。それゆえ、死への怯えを和らげる方法をいろいろと工夫する。たとえば、自分の子どもの将来に自らを投影し、自分たちは裕福になって、名声も得られ、もっと栄えていく、と夢想する。あるいは、自分を護る堅固な儀式を創出したり、さらには究極の救済者を見出して、誰にも覆せない信念に没入する。

また、自分は神に選ばれた者だという絶対の確信を持ち、他人のことなど眼中になく、自らの安全も顧みず、英雄的に生きる人もいる。愛する誰かや、何らかの主義主張、どこかのコミュニティ活動、また、聖なる世界に身を投じ、それによって死という究極の別れを超え出ようとする人もいる。こうして、死の恐怖はすべての宗教の母体となる。人は宗教を、自らの存在が有限であることの苦悩を和らげるためのものとして使おうとし、そのための方法をあれこれ工夫してきた。そこでは、神は永遠に続く命であるとされ、そう教えられる。人は死の苦痛を和らげ、同時に、その永遠の存在によって、ひとり死ぬことへの恐怖を軽減し、意味ある人生を送るためのクッキリとした見取り図を与えられる。これらは諸文化に共通の形である。

しかし、この最も堅牢で神々しい護りをもってしても、死の不安は完全には鎮められない。それは、いつも心の谷あいの陰に隠れ棲んでいる。プラトンが言ったように、心の一番深い部分では、人は嘘をつけないのである。

仮に、私が紀元前三〇〇年頃を生きるアテナイ市民で、死のパニックや悪夢に襲われたとしたら、

訳注1　一九四四年ナチスドイツに占領されたフランスを奪回すべく、連合軍がノルマンディに上陸した。この戦いで民間人二万人、連合国軍三万八千人、ドイツ軍六万人あまりの死者が出た。

どの哲学者のところに行き、恐怖の罠から自分を解き放とうとするだろうか（この時代は哲学の黄金時代と言われる）？　たぶん、重い足取りでアゴラ（広場）に行ったことだろう。そこには主だった哲学の学校が軒を連ねていた。まずプラトンの、かつてのアカデミア。当時は甥に当たるスペウシッポスが学頭を務めていた。私はちょっと中を覗いたかもしれない。次にアリストテレスのリュケイオンにも顔を出したのではないか。彼はかつてはプラトンの弟子だったが、哲学の向かう方向が違いすぎ、彼の後継者とは言えなくなっていた。私はストア派やキュニコス派のところにも立ち寄ったと思う。しかし当時、哲学者たちは学生を求めて遊歴していたから、実際には誰とも会えなかったはずだ。最後に私はエピクロスの庭にたどり着き、そこに救いを見出していたと思う。

死の不安に襲われ、どうにもならなくなった時、現代人ならどこへ行くだろうか？　人によっては、家族や友人に救いを求め、あるいは教会や心理療法へと向かう。私がいま書いているような本を読む人もいるだろう。私はこれまで、死の不安に慄く多くの人たち一人一人と会い、関わってきた。この長年にわたる心理療法という作業の中で、私が経験し、創り上げてきた観察・省察・介入をこの本に記してみる。それによって、自ら死の不安を持ちながらも一人では晴らせない人々に、有用な支援や洞察がもたらされると信じるからである。

この本の第一章での強調点は、死への怖れは、それとは一見無関係に見える問題を生み出す、というところにある。死は遠くにまでその足を延ばす。その力はしばしば隠されている。人が死にゆくことを怖れ身動きが取れなくなっている時でも、それは表面化することなく、一見、全く別の症状となって顕われてくる。

フロイトは、精神病理のほとんどは、セクシュアリティ（訳注：人が「性的」と感じることのすべて）の抑圧からもたらされるとした。彼のこの観点は狭すぎる、と私は思う。私が自分の臨床経験からわかってきたのは、抑圧されているのは単にセクシュアリティだけではなく、自分の存在自体が被造物であり、なかでもその特徴である有限性もまた抑圧されている、ということである。

第二章では、表には顕われない死の不安を捉える方法について考えてみる。死への怖れに浸され、人は不安やうつなどの症状を生みだす。以降のどの章でも同じだが、自分の臨床ケースと私のかかわり、また、映画や文学での物語などを援用して、私の見解を描きだしていくことにする。

第三章では、人は死に直面しても、生きる目的のすべてが失われ絶望に沈むわけではない、むしろ、より充実した生の経験に目覚めうるものだ、ということを明らかにしたい。この章の中心的テーマは、「死が私たちの肉体を滅ぼすとしても、死を思うことは私たちを救う」である。

第四章では哲学者やセラピスト、作家、芸術家たちが、死の恐怖を乗り越えようとして生みだしてきた、思考・アイデアのエッセンスを紹介し論議する。しかし第五章で示すように、死に取り囲まれた時、そうしたものだけで対処するには、限界がある。それらの考え方と人同士の結びつきとの相乗効果こそが、死を直視する際の強力な助けになる。それゆえ、私たちの日々の生活の中での、この相乗効果を生みだす実際的な方法をさまざまに示してみたい。

この本では、私のところに援助を求めてやってきた人々についての観察を元に、私の視点を提示している。しかし観察の結果は観察者に依拠する。それゆえ、第六章では、観察者自身を精査し、死に関する私個人の経験を振り返り、死と生の有限性についての私自身のスタンスを述べる。私自身もこのテーマと苦闘しつつ、職業を通して、ずっと死の不安と取り組んできた。そして、年を取って、死が一歩一歩近づいている人間でもある。こうした私ゆえ、死の不安についての自分の経験を、率直に、また、曇りなく、書いてみる。

第七章は心理臨床家・セラピストに向けて書いたものである。セラピストが死の不安を直接に扱うことは、きわめて稀である。それはたぶん、セラピスト自身が自分に向き合うことに及び腰だからだろう。しかしそれ以上に大きいのは、どの学派の心理療法の訓練でも、実存的アプローチはほとんどない、というところにある。若手のセラピストたちが言うには、自分たちは死の不安については、クライエントにはあまり踏み込んで訊かないようにしている、というのも、戻ってきた答えをどうしていいかわからないから、とのことだった。死の恐怖に駆られているクライエントの助けになろうとする時、セラピストに必要なものは、新しいタイプの思考を試してみることと、これまでとは違ったクライエントとの関係を創りだすことである。この章はセラピストに向けて書かれてはいるが、専門家だけに通じる言い回しは避け、誰が読んでも十分に通じるよう、心がけた。

*

どうして、こんなに不愉快で怖いことを、わざわざテーマにするのか？　なぜ太陽を見つめるようなことをするのか？　一世紀も前に尊敬を集めていたアメリカの精神科医アドルフ・マイヤーの言葉に耳を傾けてみよう。彼は「痒くないところを掻くことはない」と言った。人生の中で最も恐ろしく、変えることができない暗黒の部分をわざわざ問題にするのはなぜか？　実際のところ、近年では、管理医療（managed care）、ブリーフ・セラピー、症状コントロールなどのアプローチが登場し、これまでとは違う思考パターンへの変換の動きがある。しかしそれも結局は、視野を狭めることにしかなっていないようだ。

死は痒みでもある。それが痒くない時などなく、いつもついて廻り、心の内に並ぶドアをカリカリと掻き、意識のすぐ下で、震えつつ微かな音を立てている。それは擬装され、あるいは症状の形をとる。死は、あれこれの心配・ストレス・葛藤の源でもある。

私は信じる――そう遠くない日に死んで行く者として、死の不安に何十年もの間かかわってきた精神科医として――死と向き合うことは、あの厄介なパンドラの箱を開けることではなく、より豊かで生きる意欲に満ちた人生に導かれるのだ、と。

それゆえ、私はこの本を明るい希望とともに、皆さんの前に届けたい。死を正面からみつめること、それは死の恐怖を軽減するだけでなく、人生を豊かなものにする。そう信じるゆえに。

第二章　死の不安を認める

死はすべてである。
そして無である。
虫たちがそこに這い込み、そこから這い出る。

人は皆、死を怖れるが、怖れ方は、それぞれに異なる。人によっては、死の不安は生活の底に低く流れるBGMとなって、何をしていても、今のこの刻（とき）は二度とやって来ないのだという気持ちに引き込まれてしまう。昔の古い映画を見ていても、そこにいる俳優は今はもう誰もいないのだと思い始めると、胸が痛くなる。

あるいはまた、不安がどんどん重く、狂暴になっていき、突如、夜中の三時、死霊に鷲掴みにされ、自分ももう死ぬのだと思い、そこから抜けられなくなる人もいる。

頭に銃を突きつけられた、ナチスの銃殺隊が発砲した、汽車が轟音とともに突進してくる、橋や超高層ビルから墜落する、といった自分の死の瞬間の幻影を見て、怯える人たちもいる。

生々しい死のシナリオを描く人もいる。自分が棺の中に入れられ、鼻は土で埋まり、しかし意識はあって、そのまま暗闇の中で永久に横たわる。そして自分はもう二度と、愛する人を見ることも、その声を聞くことも、触れることもできないと気づき、震えあがる。あるいは、自分が埋まっている土の上を友人たちが次々と踏んで行ったら、きっと痛いだろうなと想像する。自分が死んだら、家族や友人、世間がどうなっていくのか、その先を知ることはできない。しかし、日常は変わりなく続いていく。

毎晩眠りにつく時、あるいは麻酔で意識を失う時、誰もが死の味を知る。ギリシア語では、睡眠はヒュプノス、死はタナトスという。そしてヒュプノスとタナトスは双子である。チェコの実存主義作家、ミラン・クンデラは、忘れるという行為によって、われわれは死の味見をしているという。「死に際して最も恐ろしいことは、未来を失うからではない、過去を失うからである。そして、忘れ去るという行為は、日常の中に、一つの死の形式として、常に存在する」

多くの人にとっては、死の不安が表に現れること、その存在を認めることは、そう難しくはない。もちろん、悩ましくはあるが。一方、死の不安がほかの症状に紛れて微妙に覆い隠される場合もある。それは探索あるいは発掘によってはじめて発見されることになる。

顕在化した不安

私たちの多くは、死への不安とは、災いや消え去ってしまうことへの怖れと同じものだと思っている。あるいは、死後には長々と永遠が続き、この先自分はずっとずっと死に続けるのだと考え、怖気づいてしまう人もいる。存在しなくなるとはどういうことなのか想像もつかず、死んだあとの自分はどこにいるのかを、それ以上考えられない人もいる。また、この自分の世界が完全に消滅してしまうのだという恐怖で頭がいっぱいになってしまう人、さらには、死は誰も避けることができないというテーマを力でねじ伏せようとする人もいる。以下は、そうした三二歳の女性から私に届いたメールである。

死ぬのは「この年取った私（Old-Lady-Me）[訳注1]」や、「私、病気で死にかけ（Terminally-Ill-and-Ready-to-Die-Me）[訳注2]」の歌の中のことではなく、この私なんだとわかってしまいました。それで最悪の気分に落ち込んだのだと思います。私はこれまで、死を斜めから見ていたようです。つまり、いつかは起きること、でさえもなく、起きるかもしれないなということにすぎなかったのです。私はひどいパニックに襲われ、数週間、ずーっと死ぬことばかり考えました。こんなことは初めてでした。そして、死はいつかは起こること、ではないのだとわかったのです。私は恐ろしい真実に目覚めてしまったかのようで、もう元には戻れなくなってしまいました。

人によっては、こうした死への怖れをさらに押し進め、耐え難いほどの結論に至ることもあるだろう。自分のいた世界も、記憶も、すべてなくなってしまう。自分の通った道も、一家団欒も、両親も、子どもも、ビーチハウスも、学校も、自分の死によって微塵となってしまう。確かなもの、変わらないものなどない。命がそんなに儚いものなら、生きることにいったいどんな意味があるのだろうか。

メールは続く。

私は、無意味さということに目覚めてしまいました。私たちのなした全ては忘却の淵に沈み、やがてこの地球も消滅するのです。私は、両親や姉妹や恋人、そして友人たちが死ぬところを想像しました。生きている時のものではなく、死んだあとの自分の頭蓋骨や骨が野外に曝されている状態を、何度も何度も想像し、混乱しました。自分の体から分離して自分が存在するという考えには、まったく馴染めず、魂は滅びないといわれても、慰めにはなりませんでした。

この若い女性の文章の中には、いくつか重要なテーマが含まれている。まず、死が彼女個人のことになっている点である。つまり、それはもはや、起こるかもしれないこと、あるいは他人には起きること、では済まされなくなっている。自分の死が不可避になったのだ。そうなると、生きることすべてが無意味になる。また、彼女にとっては、肉体を離れても魂は不滅だという考え方はまったく受け入れられない。それゆえに、死後の世界という考えは何の慰めにもならない。さらに彼女は、自分が生まれる前の忘却と、自分が死んだ後の忘却とは同じものかとの疑問を抱く（これは重要な質問であり、エピクロスを論じる章で、再び取り上げることにしよう）。

訳注1　アメリカのロックバンドのヒット曲（一九九七年）のタイトル。
訳注2　「お葬式ソング」といわれ、アメリカ、イギリスに広く分布。さまざまな歌詞のヴァリエーションがある。

死のパニックに陥ったあるクライエントとの最初のセッションが終わった時、彼女は次のような詩を私に手渡した。

死が一面にひろがり
私を苦しめ
捕まえ、駆り立てる。
あまりに苦しくて、私は大声で
泣きわめく。
日に日に虚無が大きくなる。
自分の痕跡を残すことにしよう。
それが大切だ。
今・ここにかかわること
私ができるのはそれ。

しかし死は、そのために造られた防壁の
真下からもぐり込んでくる
子どもが頼る毛布のように
私はその壁にもたれていた。

毛布を透かして
夜の静寂の中に
恐怖が戻ってくる。

やがて自分はいなくなる
当たり前のように呼吸すること
間違ったら直すこと
甘い悲しみを味わうこと
それらすべての、耐えがたい喪失
だが、骨は残る、そこに意識はない。

死はすべてであり
そして無である。

この詩の最後のセンテンス「死はすべてであり／そして無である」の部分が、特に彼女の心を捉えていた。無になっていくという考えは自分を消耗させ、そのことで頭がいっぱいになったと説明した。しかしこの詩には安らぎをもたらす二つの重要な考えも含まれている。つまり、もし自分が足跡を残せるのなら、自分の人生は意味を持つということ、自分ができる最大のことは、今この瞬間を喜んで受け入れることである、という考えである。

死の不安は何かの置き換えではない

セラピストの中には、こう考える人たちも多い。つまり、死への不安が顕在化したとしても、それは死を怖れているのではなく、何かほかのことを隠すために置き換えられたものだ、と。が、これは間違っているようだ。ジェニファーの例を見てみよう。ジェニファーは不動産会社に勤める二九歳の女性で、これまでずっと、夜になると死のパニック発作に襲われ、何人ものセラピストのところに通った。しかし、彼女の話を額面どおりに受け取ってくれる人は、一人もいなかった。彼女はずいぶん前から、真夜中、寝汗でぐっしょりになって目覚め、目を見開いたまま、この自分が消え去ってしまうことに怯える、ということを繰り返していた。自分があちこち浮遊しながら、やがて闇の中に永遠に消えて行き、人の世界から完全に忘れられてしまう。でも、もしもすべてのものが究極的には完全に消滅すると決まっているのなら、意味のあるものは何もない。彼女は自分に、そう言い聞かせていた。

彼女は、子ども時代からこの考えに苦しめられていた。一番古い記憶は、五歳の時のもので、はっきりと覚えている。死んで行くことに怯えて、彼女が両親の寝室に駆け込むと、母親は彼女をなだめながら、二つのことを言った。彼女はそれを未だに覚えている。

「おまえはこれからもうんと長く生きるんだよ。だから、今、そんなことは考えなくてもいいの」

「もっとずっと年を取って、死ぬ時になったら、病気になっていてもいなくても、どっちにしても死は怖いものではなくなっているわ」

ジェニファーは、これまで母親の慰めの言葉を頼りにしてきた。自分で、死に脅やかされないための工夫もした。死について考えるかどうかは自分が選んできた、と思うようにした。あるいは、記憶の小箱からは良き経験だけを、たとえば、幼な友達と笑いさんざめいたこと、夫とロッキー山脈を歩き、鏡のような湖と雲の柱に出くわした霊的な体験、子どもたちの輝くような頬へのキス、そんなことなどを取り出すようにした。

それでも死への怖れはなくならず、彼女を苛み続け、人生の満足を次々と奪っていった。いろいろなセラピストについたが、効果はほとんどなかった。薬で発作は軽減したものの、頻度は変わらなかった。セラピストたちは、彼女の死の恐怖にはまったく注目しなかった。何かほかの不安を隠すためのものと決めてかかっていたからである。私はこの錯誤を繰り返さないよう、気をつけた。私が思うに、セラピストたちは、ジェニファーが五歳の時から周期的に見るという夢の強烈さに惑わされてしまったに違いない。

家族の皆が台所にいた。テーブルの上にはボウルが置いてあり、その中はミミズでいっぱいだった。父は私に、ミミズを手で掴んで絞り、そこから出てきたミルクを飲むようにと言った。

どのセラピストも、ミミズを絞ってミルクを出すというイメージは、どう見ても、ペニスと精液だと考え、その結果、父親からの性的虐待を疑って、いろいろ尋ねている。私も一瞬はそう思ったが、彼女の説明を聞いたあと、この考えを撤回した。性的虐待の想定で尋ねていくと、面接は間違った方向に行くことがわかったからである。彼女の父親は家族に罵詈雑言を浴びせ、確かにひどく怖がられていたが、彼女も他の姉妹も、性的虐待に当たる事柄を覚えている人はいなかった。

これまでのセラピストは、誰一人として、彼女の死の恐怖が強烈である理由や、そのことがこれまでずっと続いている意味を考えてこなかった。よく起きるこうした間違いには、古い歴史がある。その源は、心理療法に関わる最初の本、フロイトとブロイアーの共著『ヒステリー研究』にまで遡る。この本をよく読むと、フロイトの患者たちの生活には、死の怖れが充満していたことがわかる。彼が、この死の恐怖のテーマにどうして踏み込むことができなかったのか、一見不可解に見える。が、後期の著作を読むと、その理由がわかる。フロイトは神経症の起源が、さまざまな無意識的、原初的な衝動間の葛藤にあるという仮説に大きく依拠している。そして、「死は神経症の形成に何の役割も果たさない。死は無意識内ではどんな表象も持っていないからだ」と言い、その理由を二つ挙げる。一つは、「死は個人として体験することはできない」こと、次は「われわれは自分の非在をじっと見つめることはできない」ことである。

フロイトは、第一次世界大戦の余波がまだ続く時期に単発の論文、「死に対するわれわれの態度」

を書いた。これはごく短いものだが、痛切で、思慮に満ちたものでもある。がしかし、ロバート・J・リフトンの指摘のように、フロイトが公式の精神分析理論の中で死のテーマを無化（de-deathfication）したことは、のちのちのセラピストたちに甚大な影響力を及ぼした。死の問題は置き去りにされ、死は無意識では、とりわけ放棄や去勢のことだとする見解になってしまったのである。こうなると、精神分析が過去を重要視することは、未来からの、そして、死と向きあうことからの後退だとも言える。

ジェニファーとは、面接の当初から、彼女の死の恐怖について真正面から取り組むことにした。これは彼女の望むところだった。彼女は私の本、『実存的心理療法』を読み、私と一緒に人生の実存に向き合いたいと思い、やってきたからである。セッションでは彼女の死についての考え、記憶、空想がテーマになった。あらかじめ彼女に頼んでおいたのは、死のパニックに襲われている時に巡る思考、見た夢を詳細に記録することである。

待つほどもなかった。半月ほどして、彼女はナチス時代を描いた映画を見て、強いパニックに襲われた。映画の中で、人が生きるか死ぬかの運命はまったくの偶然で決まることに、強烈なショックを受けたのである。何もしていない捕虜が無造作に選ばれ、躊躇なく殺される。すべての場所が危険で、安全な場所などどこにもない。これが、子ども時代の彼女の家庭にそっくりだった。衝撃だった。いつ父親が怒りだすかわからず、隠れるところはどこにもない、だから、ひたすら透明な存在になって避難する。そしてそのことに全神経を集中させる。できるだけ喋らず、できるだけ関わらない。そんな生活だった。それを思い出したのだ。それから少しして、私が勧めたこともあり、彼女は子ども時代に暮らした家を再訪し、両親の墓の傍らで瞑想をした。墓のそばの瞑想を勧めるとは、また乱暴な、と思われるだろうか。一八九五年、フロイトもまったく同じことを患者に言ったと書いている。父の墓石を前にして、ジェニファーには不思議な考えが浮かんだ。「墓の中で、お父さん、さぞ寒かろう」

われわれは、この奇妙な考えのことを話題にした。子どもが死について抱く不合理な考え（たとえば、死んだ人も寒さを感じる）は、今も彼女の空想の中に生き、大人の合理的な考えと同居していた。

この回のセッションが終わり、家に帰る車の中で、子どものとき流行った歌が浮かんできて、彼女はそれを歌い始めた。驚いたことに、歌詞も全部思い出した。

霊柩車を見かけた時、
考えたことある？
次に死ぬのはあんただって。
大きな白い布でグルグル巻き、
暗い穴底、六フィート
デカい黒箱に入れられて、
上から土・石、ぶっかけられ、
一週間はなんともない。
そのうち棺桶、腐りだし、

ミミズ輩（やから）が出入りして、
あんたの鼻先、トランプ場。
やつら、あんたの目鼻に吸いついて、
溶けた足先、舐めるのさ。
やがてぎょろ目の大ミミズ、
あんたの胃の中、もぐり込み、
目から出たり入ったり。
あんたの胃袋、おんどろ緑、
膿（うみ）はまるで、ホイップ・クリーム。
あんたはそれをパンに塗る、
死んで食えるのは、そんなもん。

この歌を口ずさんでいるうちに、ジェニファーは、姉たちがこの歌を末っ子の自分に向けて、しつこく歌い、自分が怖がるのを面白がっていたのを思い出した。

この歌を思い出したことは、彼女にとって一つの啓示だった。ミミズのミルクを飲む、という繰返し見る夢はセックスのことではなくて、墓に棲むミミズや死のこと、そして、子ども時代に曝されていた危険、安全な場所などないこと。あの夢はこのことだったのだと、初めて納得がいったからである。自分は子ども時代に抱いた死のイメージを、宙づりのままで持ち続けていたのだと気づいた。

この洞察は、面接に新しい展開をもたらした。

隠れた死の不安

死への隠れた不安を明らかにするのに、心理療法家のような他者を必要とすることもあるが、人は誰でも内省によってそれを明瞭に捉えることもできる。死に関わる考えは、たとえ意識から隠されていても、夢の中に顔を出してくる。悪夢とは、どれも死の不安が囲いを破って奔出し、夢主を脅かした結果である。

悪夢は、人を目覚めさせ、人生が危機に瀕していると知らせてくれる。たとえば、殺人者から必死に逃がれる、高いところから一気に転落する、命の危険を感じて隠れる、あるいは死にかけている、もう死んでしまったなどが、それである。

死は、しばしば夢の中で象徴的な現れ方をする。例を挙げてみよう。ある中年の男性が胃の具合が悪く、胃癌なのではと心気症的な心配をしていた。彼は夢の中で家族とカリブ海のリゾート地に行こうと、飛行機に乗っていた。次のシーンでは、彼は胃の痛みに体を折り曲げ、地面に倒れ込んでいた。ぞっとして目が覚め、すぐに夢の意味を理解した。自分が胃癌で死んでしまう。しかしこの自分のいない生活はそのまま続く、と。

人生を変えてしまうような場面は、たいていの場合、死の不安を引き起こす。たとえば、重い病気にかかった、誰かが亡くなった、などの場合などがそれである。さらにはレイプ被害に遭った、離婚した、職を失った、強盗に襲われたなどの大きな事件は、人の基本的な安全感を脅かす。これらの出来事を思い出す時、人は死の恐怖に襲われ、そうなった姿は、傍目にもすぐにそれとわかる。

「漠然とした不安」とは、死の不安である

心理学者のロロ・メイは、何年か前、半ば冗談で「なんとなく不安」は「何かの不安」に変わりたがっている、と言った。別の言い方をすれば、漠然とした不安は、すぐさま、形のある対象に結びつく。現実と不釣り合いなほどの強い不安を抱くスーザンの場合は、このことをよく示している。

彼女は有能で几帳面な中年の公認会計士で、雇い主との確執もあって、私のところにやってきた。数カ月の面接を終了した後、彼女は会社を辞め、高い収益を上げる競争的な会社を立ち上げた。

数年後、彼女から、緊急のセッションをしてほしいと電話があった。最初、その声から彼女だとはわからなかった。いつもは明るく冷静なのに、この時はおどおどした声で、パニック気味のようだった。その日のうちに彼女に会うことにした。彼女の外見の変化には驚いてしまった。いつも落ち着き、上品な装いだったのに、服装には気が回らず、憔悴した様子で顔は紅潮し、泣き腫らしていた。首には少し汚れた包帯を巻いていた。

話はあちこち飛び、やっと話しているといった風情だった。成人した息子のジョージは理非の通る青年で、ちゃんとした仕事に就いていたが、麻薬所持で刑務所に収監されてしまった。軽い交通違反で警察に止められた際、車の中にコカインが見つかり、血液検査の結果も陽性だった。ちょうど、薬

物摂取中の危険運転のための回復プログラムを受けている最中だった。麻薬所持はこれで三度目となり、一カ月の実刑と一年間の薬物更生プログラムを受けること、という判決が下りた。

スーザンは四日間、泣き続けた。眠るも食べるもできず、仕事にも行けなくなった（二〇年間で、こんなことは初めてだった）。夜になると彼女は息子の無惨な姿を想像しては、それに苦しめられた。息子は黄ばんだ虫歯だらけの歯になり、紙袋に隠した酒瓶をラッパ飲み、挙げ句はドブにはまって死んでしまう、そんな想像だった。

「息子は牢の中で死にかけています」と彼女は言い、彼の釈放のために、あらゆるツテを手繰り、考えられる限りの手段を尽くし、疲労困憊してしまった。彼女は繰り返し、そう言った。息子の子どもの頃の写真を眺めては打ちひしがれた。彼はまるで天使、巻き毛の金髪、瞳は深い淵のようだった。なに不自由なく、未来は無限に広がっていたのに。

スーザンはこれまで、自分のことを無能で行き当たりばったりの両親なんかとは違い、機略を駆使し、成功の階段を駆け上がってきた人間だと思っていた。しかしこの期に及んで、万事休すに陥ってしまった。

「どうして息子は私にこんなことをするのかしら？　これは反抗に違いないわ。私があの子のために用意したものを全部、ダメにしようとしているのよ。成功のためには何でも準備したじゃない？　最高の教育、テニス・ピアノ・乗馬のレッスン。これがその答えなの？　友達が知ったらなんて言うかしら。ほんとに恥ずかしい」。友人たちの子どもはみんなうまくいっているのにと考えただけで、彼女はじりじりと羨望に身を焼かれた。

私が最初にしたことは、彼女にとって既知の事実を思い出してもらうことだった。ドブにはまって死ぬとは、あり得ない想像、何もないところに破局を見るようなものであること、彼は優れた更生プログラムを受け、良いカウンセラーについて個人セラピーも受けている。これは大局的に見れば、そう悪くはない。薬物依存からの回復は簡単ではないし、再発、再々発は避けられないことも話した。もちろん、彼女もそのことはよく知っていた。ちょうど彼の回復のための七日間の家族療法を終えたところだった。夫はというと、息子のことで妻が滅入ってしまっていることを一顧だにしなかった。

彼女は、「どうして息子は私にあんなことをするのかしら?」と考えてしまうのは不合理だとわかってはいた。自分自身が作り上げてしまった絵柄から脱け出す時では? と私が言うと、彼女は頷いた。息子の再発は彼女とはまったく関係がない。

どんな母親でも、息子が薬物依存の再発で刑務所行きと聞いたら、気が動転するだろう。しかし、彼女の反応は、あまりに度を越している。彼女の不安の大部分は、何か別のものから置き換えられているのではないか。私は、そう思い始めた。

彼女には、自分は孤立し誰も助けてくれないという根深い感覚があった。これが特に私の注意を引いた。彼女は、自分は何でもできると思ってきたが、いまや、この自信は粉微塵に打ち砕かれた。自分が息子のためにできることは、もう、息子の人生から身を引くことだけだった。

なぜ息子のことが、それほど彼女の人生の中心になっているのか? 確かに彼女にとって彼は息子ではあるが、それ以上の存在でもある。あまりにも中心にありすぎ、息子が成功するかどうかが自分の人生そのものになっていた。私はこうした場合、自分が永遠に生き永らえたいという願望が子どもに投影されることが、とても多いと説明した。彼女はこれに関心を向けてきた。自分の生命を息子の存在を通して引き伸ばしたいと願ってきたこと、けれどそれも諦めなければならないと知るに至ったのだ。

「息子は、仕事が続けられるほど頑健じゃありませんし」

私は応じた。「親はいつだって自分の子どもは弱いと思っていますよ。彼の今の仕事は、正規の雇用にはまだまだのようだし、彼の行動や再発は、そこから来たんでしょう。あなたに向けたものではないんでは」

セッションが終わりに近づき、彼女が首に包帯をしているのはどうしてか尋ねてみた。首の弛みを取る美容外科手術をしたところだとのことだった。そのことで私がもっと聞こうとすると、彼女は少しイラつき、息子の話に戻そうとした。ここに来たのは、そのためなんですから、と言った。

しかし私は、なおも続けた。

「どうして手術をしようと思ったか、話してくれないかな」

「私の体が年を取るのがイヤだからですよ。胸や顔が老けるのもいやだけれど、特に首の弛みが本当にイヤなの。それで誕生日のプレゼントに手術したんです」

「誰の誕生日？」

「私の誕生日よ。ロク・ゼロの大台に乗った特別記念にね。先週のことです」

彼女は六〇歳になった感想を時間が経つのが早いと話した（私は自分が七〇歳になった時の感想を

述べた）。そして、私は結論として、こう言った。

「過剰なくらいの不安があるんじゃないかな。あなたも、薬物依存は治療の途中で、たいていは再発すると知っているのだし。あなたの不安はどこか別のところから来ていて、それを彼のことに置き替えているんだと思うよ」

スーザンが大きく頷いたことで私はホッとし、続けた。「あなたのその不安は自分自身についてのものではないのかな。六〇歳の誕生日を迎え、年を取り、死が近づいたことを意識し始めた、そのことと結びついているようだ。今のあなたは、心の深いところで、大事なことに心を巡らせているように感じる。残りの人生で、自分は何をしたいのかというテーマ、とりわけ、息子はこの自分の願望を満たす相手ではないとわかった今、自分の人生はどうなるのがいいのか、ということにね」

彼女の態度は、最初のイライラしたものから、強い関心へと変わっていった。「年を取ることとか、時が過ぎて行くことなんか、たいして気にも留めなかったわ。以前のセッションでも、それがテーマになったことはないし。でも、あなたが言っていることがわかってきました」

そのセッションの最後に、彼女は私の方を見て、こう言った。「あなたの考えを私がどこで使いこなせるのか、まだ考えつきません。でも、これだけは言えます。今回、最後の一五分は、あなたのおかげで、ぐっと集中できました。息子のことを真っ先に考えないで、一五分も時間を過ごせたのは、ここ四日間で初めてです。彼のことでずーっと頭がいっぱいでしたから」

次の面接は翌週の朝に決めた。以前の面接の時に、私が朝の時間は執筆に当てると知っていたので、彼女は、いつも通りではないのですねと言った。私は、次の週は息子の結婚式があり、数日、旅行に出る。それでスケジュールが変わると答えた。

帰る用意をしている彼女を見ているうち、もうちょっと何か役に立つことを言わねばと思い、こう言い足した。「息子の結婚は二度目でね。彼が離婚した時は、暗い気持ちになってね。親として何もできないと思うと、苦しいしね。私自身の経験からも、あなたがどんな気持ちで過ごしてきたか想像できるよ。自分の子どもになんとかしてやりたいという願いは変わらないもののようだね」

そのあとの二回の面接では、息子についての話題が少なくなり、彼女自身の人生についての話が増えてきた。息子への心配は劇的に減少した。息子のセラピストの意見では、母子は、できるなら何週間かは接触をしないのが一番だというもので、私も賛成だった。彼女は、死の恐怖についてや、他の人たちがその恐怖のことをどうしているのかも知りたくなっていた。この本で触れている死の不安について私が考えていることを、彼女といろいろ、やり取りした。五回目になると、彼女は普通の感じに戻ったと言ったので、二、三週間後にフォロー・アップのセッションを約束した。

最後になるそのセッションで、私は今までの作業で一番役に立ったことは何かと訊ねた。彼女は、私が披歴した哲学者の考えと、ここでの私との関係の意味とをはっきりと区分し、こう言った。

「いちばんよかったことは、あなたが自分の息子さんのことを話してくれたことです。そんなふうにして私のところにまで届こうとしてくれたことに、とても心を動かされました。それから、ここで集中してやったことで、自分の生き死にへの怖れを息子の事に置き換えてしまっていたことに気がつきました。それから、あなたの言われたことはそのとおりかも、と…エピクロスの考えなどは……あのぉ……とても知性に溢れていて、でもすぐに使えるというわけにはいかなくて…。ただ、ここでこうして話をする中で起きたことは、なにかとても大事なものだってことは確かです」

彼女は、私がここで使ったさまざまなアイデアと、人との関係とを区別していた。このことはたいへん重要である（第五章を参照）。アイデアは確かに役に立つが、そこに他者との親密な関係が加わることで、生きた力が引き出されるからである。

セッションも終わりに近づいた頃、彼女は驚くような話をしてくれた。「仕事一辺倒になりすぎるのが、私の一番の問題でした。あまりに長く会計士の仕事をしすぎました。ずっとやってはきたんですが、じつは、この仕事は自分には合っていないと思ってたんです。私は外交的なのに、内向的な仕事ですから。私は人とお話をしたり、つながりを創ることが好きなんです。でも、この仕事は、修道院で暮らしているようなものです。今の生き方を変えねば、と思ったんです。それで、この数週間、夫と私は自分たちの将来について踏み込んだ話をしました。会計士以外の職業をやってみる時間はまだ残っています。もっと先になって過去を振り返った時、会計士以外のことは何もしなかったなんて、耐えられません」

夫と彼女は、その昔、冗談半分に、カリフォルニアのナパ・バレー（訳注：カリフォルニア北部にある自然環境に恵まれた、アメリカ随一のワインの産地）に土地を買って民宿を開く夢を話したりしていた。それがここにきて突然、現実味を帯び、二人は週末に何度か現地の不動産屋を廻って、売りに出ている宿を探しているという。

六カ月後、私はスーザンからの手紙を受け取った。ナパ・バレーのカントリー・スタイルの素敵な小宿の写真が同封されていて、裏に「開業初日の夜には、ぜひ！」とあった。

スーザンのことから、いくつかの重要な点を挙げてみる。まず、彼女の不安は、現実とはひどく不釣り合いだという点。もちろん、彼女は息子の刑務所への収監を嘆いている。親なら誰でもそうなるだろうが、彼女の反応は、これですべてが破滅、というものだった。実際には、息子は何年も前から薬の問題を抱えていて、再発もこれが初めてではなかった。

私は彼女の首のまわりの包帯に目が行き、経験則から美容外科の手術ではと考えた。というのも、彼女くらいの年齢で加齢を気にしない人はいないからである。この手術と「六〇の大台」に乗ったことで、これまで隠れていた死の不安が掻き立てられ、それが息子の問題に置き換えられた。面接での私の仕事は、彼女に不安の源を気づかせ、それに向き合えるよう手助けすることだった。

彼女は、自分の体が老いて行くこと、息子は自分の不死への願望を満たすものだったこと、その息子のことをなんとかするのにも、老いを止めるのにも限界があると知ったことで動揺した。が最後には、自分が今まで後悔の山を築いてきたことに思い至り、生き方を大きく変えるに至った。

彼女のこの事例は、われわれには単に死の不安を減らす以上のことが可能であることを示している。死を覚知することによって、われわれは覚醒の経験へと導かれ、それは人生を大きく変える意味深い契機となる。

第三章　覚醒するという体験

エベネーザ・スクルージは、チャールズ・ディケンズの小説、『クリスマス・キャロル』の主人公である。彼は貪欲で孤独、心の狭い老人として描かれるが、物語の終わりに意外な展開が起きる。彼の冷酷な心が氷解し、心温かく寛大になって、使用人や仲間を助けたいとさえ思うようになるのである。

何が起きたのか？　スクルージの変容を促したのは何か？　それは彼の良心でもなく、クリスマスのお祝いの御馳走や賑わいのせいでもない。それはむしろ、一種の実存的ショック療法、あるいは、私がこの本で取り上げる、**覚醒するという体験**にあった。未来という幽霊（クリスマスの未来の幽霊）がスクルージを訪れ、彼に未来を見せる。それが強力なショック療法になるのである。自分の亡骸が打ち捨てられ、誰かわからぬ者たちが自分の身の回りの物（シーツやナイトウエア）までも奪い合うのを見てしまう。知人や友人は、いっとき、彼のことを話題にするが、それもすぐに消えてしまう。次に、未来の幽霊は彼を教会の敷地に連れて行き、彼の墓を見せる。スクルージは自分の墓石を凝視し、彫られた自分の名前を指でなぞる。その瞬間、彼に変容が起きる。次の場面で、スクルージはこれまでとは違う、思いやりのある人間になっている。

死に向き合うことで覚醒するという体験をし、その後の人生が豊かになる。こうした例は文学や映画に多々、描かれている。トルストイの長編小説『戦争と平和』の主人公の一人ピエールは、銃殺隊を前にしてまさに死に直面する。列の前にいた何人もの兵が次々と撃たれるが、彼はすんでのところで処刑を免れる。この事件が起きるまで、彼は迷える魂を抱えていたが、変容が起きたのち、熱意と目的を持って生涯を送る（二一歳のドフトエフスキーは、死刑の執行を最後の瞬間に免れるという似た体験をする。彼の人生も同じように、そこから変わる）。

トルストイよりもはるか以前、人類に文字を書くという行為が始まって以来、古代の思想家たちは生と死は相互に結びついたものだということを、繰り返し言ってきた。たとえばクリシッポス、ゼノン、キケロやマルクス・アウレリウスといったストア派の哲学者たちは次のように教えてくれる。よく生きることを学ぶことはよく死ぬことを学ぶことであり、逆に、よく死ぬことを学ぶことはよく生きることを学ぶことなのだ、と。キケロは「哲学することは死の準備をすることである」と言い、聖アウグスティヌスは「人は死に直面して初めて、自分という自己が生まれる」と書いた。ヨーロッパ中世では、多くの修道士たちは自分の部屋に人間の頭骸骨を置き、人は死すべき存在であるということを常に意識しつつ、いかに生きるかの思索を続けていた。モンテーニュは「思考を研ぎ澄ませて書き物をするには、墓地の見える場所がよい」と言っている。これまでにも、多くの先達がさまざまな仕方で、「肉体の死はわれわれを滅ぼし、死に関わる観念はわれわれを救う」ことを繰り返し伝えてきた。こうした考えにさらに踏み込んでみたい。われわれを救うとは？　何から救うのか？　そして死を考えることはわれわれをどのように救うのか?、と。

「見ること」と「存在を問うこと」

二〇世紀ドイツの哲学者ハイデガーの弁証法はこのパラドックスをはっきりさせてくれる。彼は「日常的（ものをものとして見る）」と「存在論的（ものの存在を問う）」という二つの存在のモードを提示した。日常的モードでは、人は自分の目の前に顕れるものそのものに没頭し、**物事の一つ一つ**に心を奪われる。一方、存在論的モードでは、人は「それがあること」自体を奇跡とし、そこに関心と注意を差し向け、それを感じ取り、**それを存在させているものを**驚きをもって迎える。

こうした「ものをものとして見ること」と「ものの存在を問うこと」との間には、決定的な違いがある。日常的モードでは、人は外見の見映え、流行、財産や権威といったことに、つい心を乱されてしまう。それに対して、存在論的モードでは、生きていることや人間は死を免れ得ないということ、また、人生のもう一つ別の特徴を、より強く意識する。と同時に、**これはという変化**には敏感に反応し、また、**それへの心の準備**もするようになる。自分の感覚を基にして、人は参入し、関わり、意味を創り出し、自らを満たすといった生活を創り出そうとする。こうした、人として本来持つ責任性を生きてみたいという気持ちが、人を突き動かす。

死と直面することによって、その後も持続する劇的な転換がもたらされるという報告は多々あり、こうした見解の支えとなっている。末期癌の人たちとのグループ・セッションを始めたのは私で、そこに一〇年あまり関わってきた。次第にわかってきたのは、彼らの多くが絶望に打ちひしがれたままはなく、むしろ生を肯定する方向に劇的に変容する、ということである。彼らは人生の些事は些事とし、生きることとの優先順位をリセットする。また、したくないことはしないという選択ができるようになる。愛する人たちともっと深く心を通わせ、季節の移り変わりや自然の美しさ、自分にとっての最後のクリスマスや新年といった、生きる上での大切なことを、よりくっきりと選び出す。

多くの人が口々に言うのは、他人への怖れが消えたこと、リスクを冒してもやってみることに前向きになったこと、拒絶されることへの不安が少なくなったことなどである。グループ・メンバーの一人は「癌が神経症を治してくれる」とユーモアを交えて言い、別の人は「生きることを学ぶのに、自分の体が癌になる今まで待たねばならなった。なんという迂闊!」と話してくれた。

人生の最後に覚醒する――イワン・イリイチの場合

トルストイの小説、『イワン・イリイチの死』の主人公は、自分本位で傲慢な中年の官吏である。彼は不治の病にかかっており、腹部の激しい痛みに昼も夜も苛まれ、死に瀕している。死期が近づくにつれ、彼は自分がこれまでずっと威信や世間体やお金にとらわれ、死について考えるのを避けてきたと気づく。誰もかれもが、病気は治るなどと根拠のない希望をもたせ、嘘と気休めを繰り返す。彼はそのことに腹を立てる。

やがて彼は自分自身の一番深いところと驚くべき対話を続け、**自分がこれほど悪い死に方になるのは、それほど悪い生き方をしてきたからだ**、と気づく。自分の人生は全くまちがっていた。死から目を逸らすことは、生も避けることだった。自分の人生は、かつて列車に乗っている時によく経験したことにそっくりだと思った。前進していると思っていたが、実際にはバックしていた、という経験である。つまり彼は突然、**自分の存在に開かれた**のである。

死期が近づくほど、まだ時間はあるのだとわかってきた。自分だけでなく、すべての生きとし生けるものは死ぬ。そのことが次第にはっきりしてきた。彼は自分の中に哀れみの情があることを発見する。これは初めてのことだった。彼は他人に対して優しさという気持ちを持ち始める。彼の手にキスをする小さな息子に、また、自分の身の回りをさりげなく世話してくれる召使いの男に、そして若い妻にも。これも初めてのことだった。自分が彼らを苦しめてきたことを後悔しつつ、彼は痛みに苛まれてではなく、この上ない憐憫の情の喜びのうちに、死を迎える。

この物語は文学として優れているだけではなく、有益な教訓も含んでおり、死に向かう人たちにかかわる活動をする人たちの訓練にもしばしば使われる。

もしもこうした覚醒が個人に重大な変化をもたらすとしたら、**人はどのようにしたら、日常というモードを脱し、変化をうながすモードへと移行できるのだろうか？**　それを望むだけでも、あるいは歯を食いしばって耐えるだけでも、それは起きない。人を目覚めさせ、日常モードから存在論的モードへ転換させるには、切迫した、あるいは決定的な体験が必要なのである。

では、この体験は私たちの日々の生活のどこにあるのだろうか？　私たちは、癌の末期にいるわけでもなく、銃殺隊を前にしているわけでも、また未来の幽霊の訪問を受けるわけでもない。こうした覚醒の体験への触媒となりうるのは、私の経験からすると、以下のような火急・危機的な出来事である。

愛する人を失ったときの悲哀
不治の病
親密な関係の破綻
五〇歳、六〇歳、七〇歳、大台に乗った時の誕生日などの節目
火災、レイプ、あるいは強盗のような激しいトラウマ
子どもが家を離れる時（空の巣症候群）
失業や転職
退職、引退
老人ホームへの移住
自身の最深部からのメッセージを伝える決定的な夢（ビッグ・ドリーム）

これらの出来事はどれも、私が自分の臨床実践からリストアップしたもので、いずれも覚醒の体験に至るためのきっかけの例である。こうした時に、クライエントと私が使っている実践の方法は誰でも使える。その場に合わせてこの方法を修正、変更し、また、自分自身の内省だけでなく、あなたの親しい人の手助けとなるよう、使うこともできるはずである。

悲嘆と覚醒の体験

喪失や悲嘆は人を覚醒させ、自分の存在の覚知へと導く。夫を失ったばかりのアリスの場合もそうだった。アリスは悲嘆と高齢者住宅への入居の両方に向き合わねばならなくなった。また、友人を失った悲しみから自身の死の不安を呼び覚まされたジュリアや、兄の死の痛みを何年も封印していたジェイムズの場合も、それが当てはまる。

束の間と永遠——アリス——

私は長い間アリスのセラピストをやってきた。どのくらいか？　最近は短期面接が多いので、若い読者は驚くかもしれない。三〇年、である！

三〇年間、連続してではない（ただ、こうした連続のサポートが必要な人たちがいることは、申し添えておきたい）。彼女は夫アルベルトと楽器店を営んでいた。私に電話してきたのは五〇歳の頃で、友人たちや馴染みの客だけでなく、息子とも確執が増えてきたからだった。彼女とは個人セラピーで二年間、次にグループセラピーで三年間のセッションを持ち、状態はずいぶんと改善した。そのあとの二五年は、彼女の人生での大きな危機に対応するための、断続的なセッションを持った。私が最後に出向いたのは、彼女が八四歳、ベッドサイドだった。彼女からは、とりわけ人の第二の人生でのさまざまなストレスについて、多くのことを教えられた。

次のエピソードは、アリスが七五歳の時から四年間の面接（継続したものとしては最後になった）の中で起きたものである。夫がアルツハイマーと診断され、その際にも私に援助を求めてきた。彼女にはサポートが必要だった。生涯連れ添ってきたパートナーの人格がじりじりと崩れて行くのに立ち会う、そんな痛ましい試練は、他にそうないだろうからである。

彼女には、夫がこの冷酷なプロセスを一つ一つたどって行くのを見るのがたまらなかった。最初は、鍵や財布をなくすといった短期記憶の喪失。次には、自分の車を町のどこに駐車したか忘れ、彼女がその車をあちこち探し回ることになった。その次には、彼は家まで帰る道がわからなくなり、そのたびに警察のお世話になった。さらには、自分の身の回りの始末が難しくなり、衛生習慣も低下した。ついには、共感の能力が失われ、完全な内向になってしまった。五五年一緒に暮らした最後の最後、夫にはもはや彼女のことがわからなくなってしまった。

アルベルトの死後、私たちがしたのは悲哀の作業で、とりわけ悲しみと安堵が切り替わる際には、そのたびに注意を払いながら進めた。一方には自分が一〇代の頃からよく知っていて、ずっと愛してきたアルベルトを失った悲しみがあり、もう一方には、まるで別人のようになってしまった彼を二四時間介護する重荷から解き放たれた安堵の気持ちもあった。

葬儀の数日後、彼女の友人や親族がそれぞれ元の生活に戻っていった。誰もいない空っぽの家に一人きりになると、新たな不安が湧き起こった。夜中に誰かが忍び込んでくるのでは、という不安である。近辺には何の変化も起きていない。ミドルクラスが暮らす隣り近所に特に変わったことはなく、静かで安全だった。同じ区画に住んでいるのは、気心の知れた隣人たちで、警察官もいた。夫がいなくなり、彼女はおそらく自分を守ってくれるものがなくなったと感じたのだろう。たとえ何年も身体が不自由でも、ただそこにいる、というだけで安心だったのだ。そして、ある夢を見たことで、彼女は自分の恐怖の源が何であるかがわかったのである。

私は小さな池の縁に座り、足を水に浸している。と、なんだかムズムズする感覚がやってきた。水の中の葉っぱが何枚もこちらに向かってやってきたからだ。その葉っぱが私の足に触れた。うわっ。思い出すと、今でもぞくっとする。葉っぱはどれも大きくて黒く、卵型だった。私は足先で水をゆすって波を作り、葉っぱを押し戻そうとした。けれど、私の足は砂袋の重みで動かせない。いや、袋には石灰が入っているのかも。

彼女はこんなふうに説明した。「私がパニックに襲われたのはその時です。そして、何か声を出し、目が覚めました。夢の続きを見てしまうのが恐くて、私は何時間も眠らないようにしました」

この夢の連想をしてもらい、その一つから、夢の意味が明らかになった。

「石灰の袋？　どういうことなんだろうね？」。私はたずねた。

彼女は答えた。「埋葬です。イラクでは共同の墓穴に石灰を投げ入れるのではなかったでしょうか？ペストが大流行（一六六五年）した時のロンドンも」

つまり侵入者とは死であった。自分の死。夫の死によって彼女は死に曝されることになったのである。

彼女は言った。「彼が死ぬことができたのなら、私もできる。だから私もそうします」

夫の死から三、四カ月後、アリスは四〇年来住んできた家を離れ、高齢者住宅に移る決心をした。そこでは、彼女のもつ重度の高血圧と黄斑変性からくる視力障害へのケアと医療のバックアップが受けられる。

そうなると、今度は自分の持ち物をどうするかで頭が一杯になり、他のことは考えられなくなった。家具や思い出の品々、古楽器のコレクション。それらでいっぱいの、ベッドルームが四つもある大きな家。そこから手狭なところに引っ越すとなると、膨大な数の物を手放さねばならない。彼女の一人息子は渡り鳥のような暮らしで、今はデンマークで働いている。彼の小さなアパートには、とてもこんな大量の物は置けない。彼女は身を切る思いで取捨選択をせねばならなかった。心が一番痛んだのはアルベルトと一緒に何年もかけて収集した古楽器の処分だった。

家に籠る日々、静寂。淋しさが広がる中、何度も何度も聴こえてきたのは、祖父が弾くイタリアの銘器、パオロ・テストーレ一七五一年のチェロ、そして、夫が好きだった一七七五年、イギリス製のチェンバロを彼自らが奏でる、幻の音だった。そこには、両親から結婚祝いにもらったイングリッシュ・コンチェルティーナ（訳注：バンドネオン、アコーディオンの仲間）とリコーダーの音も、重なって流れていた。

家の中のどの品も、その思い出を知るのは自分だけになった。ここにある物もやがて誰かのところに渡って行き、一つ一つの来歴も消え、大事にされることもないだろう。いつかは自分自身も死を迎え、それとともにチェンバロやチェロ、そしてフルート・トラベルソやペニー・ホイッスル（訳注：

フラジオレットなど、小さな縦笛）に籠められたあれこれの記憶もすべて消し去られる。自分の過去は自分とともに消滅する。彼女は、そう語った。

アリスの引っ越す日が、陰うつな影とともに近づいてきた。手元に置けない家具や品物が少しずつ消えていった。あるものは売り払い、あるものは友人や未知の人にも譲った。家が空になるにつれ、自分がだんだんと混乱し、パニックに陥っていくのがわかった。

特に、家での最後の日には動揺が激しかった。この家を買い取った人は全面改装の予定で、中は完全に空にするようにと言われ、本棚も取り払うことになった。棚が引き剥がされると、そこからロビンズ・エッグ・ブルー（訳注：コマドリの青灰色の卵の色、特にアメリカ南部で好んで使われる）のストライプの壁が現れ、彼女はハッとなった。

この色！　彼女はそれを覚えていた。四〇年前この家に移ってきた時、壁はこの色だった。そして、今になって、アリスはこの家を売りに出した女性の表情を思い出した。その未亡人のやつれた顔は、苦渋の色を浮かべていた。アリスと同じように自分の家を手放すことに耐えられなかったのだ。今、彼女も同じ未亡人となり、同じ苦さで、家を去りがたい。

人生は束の間のパレードだ。彼女は自分に、そう言い聞かせた。もちろん！　彼女は生が儚いものであることは、とっくに知っているはずだった。だって、以前、彼女は一週間の瞑想ワークショップに参加し、そこではパーリ語（訳注：釈迦の時代・地域の古代マガダ語を祖とし、前一世紀に上座部佛教の聖典用語として整備された）で無常を意味する言葉アニカ（anicca）が繰り返し唱えられていたのだから。ただ、この無常ということに限らず、たいていの場合、「そのことについて知ること」と、「自身の経験を通して知ること」とは、まったく違う。

ここにきて、彼女にはっきりとわかった。自分も、かつてこの家に住んだどの人たちとも同じで、ただこの家を通り過ぎる束の間の存在だ、ということを。そして、この家もいっときのもので、いつかはなくなり、同じ土地に別の家が建つ。自分の持ち物を処分し引っ越すということが、アリスにとっての気づきの体験となった。彼女はこれまで、家具やタペストリーに囲まれた生活こそが、暖かく心地よいものと思い込んで生きてきた。贅沢に物を持っていることで、空虚感から護られていた。彼女は、やっと、そのことに気がついたのである。

私は次のセッションで、トルストイの『アンナ・カレーニナ』から、このことに関わる一節を選び、読みあげた。アレクセイ・アレクサンドロヴィッチは妻アンナが自分のもとを去ろうとしていることに気づいた、そのすぐあとの下りである。「今、彼が味わっている感覚は、平然と橋を渡っていた人が、急に、この橋は壊れかけていて、下は深い淵だと気づいた時のそれに近い。その深淵は人生そのものであり、橋はこれまでのアレクセイの作り物めいた生活そのものだった」

アリスもまた、人生の足場の脆さとその下に広がる虚無を垣間見た。トルストイの引用は彼女を力づけるものになった。一つには、自分の経験そのものがそこに書かれてあり、それゆえ、身近で、しかも自分でなんとかできる感じを吹き込まれたからであり、また、それが面接場面でのわれわれの関係を示唆してもいた。つまり、私がトルストイの本の中にこれと思うところをなんとか探し出して、読んでもらおうとしたことが生きたのである。

この本の別のところでも取り上げるが、アリスのことからいくつか重要なテーマが浮かび上がる。夫の死は彼女自身の死の不安を引きだすことになった。この不安は、最初は外在化されて、自分の家に侵入者が来るのではという恐怖となった。次にそれは、悪夢に変わった。それから、喪の作業をする中で、「彼が死ぬことができるのなら、私もそうしよう」と気づくことで、さらにはっきりした形をとった。こうした展開のすべてが、記憶とともにあるたくさんの持ち物を失ったことに加え、彼女を日常的モードから存在論的モードへと転位させた。これは、彼女にとって、決定的に重要な変容である。

アリスの両親ははるか以前に死んでおり、生涯のパートナーの死によって、彼女は自分の存在の不安定さに直面することになった。もはや、自分と墓との間に立っている人は誰もいない。こうした体験はとりわけ珍しいことではない。私がこの本で取り上げたいところは、残された者が自らの死に直面するのは、喪の作業に共通しているものの、たいていは軽視されてしまっている部分である。

予期しない終結が待っていた。アリスにとって、いよいよ家を去り、老人ホームに移るその時がやってきた。私は最悪の事態に備えて身構えていた。彼女は、これまで以上の絶望感、おそらくは破滅的なそれに陥るのではないか。そう、案じていたからである。が、引越しの二日後、彼女は軽やかで快活な足取りで私のオフィスにやってきて、椅子に腰を下ろすと、開口一番、こう告げた。

「私はしあわせです！」

長い年月、彼女と会ってきたが、こんなふうにセッションが始まったことは一度もなかった。この満ち足りた感覚はどこからやってくるのだろうか（私がいつも学生たちに言うのは、クライエントが自分はよくなってきたと言う時、その背景を理解することは、悪化をもたらしたものを理解するのと同じくらい大事だ、ということである）？

彼女のこの幸福感の源は、はるか遠い過去にあった。彼女は里親の家を転々としながら育ち、そこではいつも他の子たちと一緒の部屋だった。若くして結婚し、夫の家に移ってきた。だから、彼女の人生では、自分の部屋を持つことはずっと憧れだった。若い頃、ヴァージニア・ウルフの小説『自分だけの部屋』を読んで深く感動したものだ。彼女は、今の自分の幸福感は、八〇歳になってついに自分の部屋を持てたからだと言った。

それればかりではない。彼女には、たった一人、自分の力で生きていたあの若い頃の生活、今回は、その一端を取り戻すいい機会だとの思いもあった。迷いは消えた。ついに自由となり、自分の思いどおりにできる。この決着の意味を理解できるのは、彼女とこれまで親密に付き合い、彼女の過去とその大きな無意識のコンプレックスのことを知っていて、それゆえ、彼女の個人的＝無意識的＝歴史的なものが、ついに実存的憂いを凌駕したのだとわかる人たちだけである。

アリスの幸福感に寄与している要因がもう一つある。解放感である。自分の家具を手放すのは大きな喪失だったが、同時に安堵ももたらした。数多くの持ち物は大切ではあるものの、そこに重なる記憶は重苦しくもあった。物たちから離れることで、蛹が殻を破って羽化するかような気分になった。

彼女は、過去の亡霊と残骸から解放され、新しい部屋を得て、新たな皮膚を身にまとい、新たなスタートを切った。八〇歳からの新しい人生である。

偽装された死の不安――ジュリア――

ジュリアは四九歳、現在はマサチューセッツに住むイギリス人の心理士である。彼女は、自分がカリフォルニアに二週間滞在している間に何回かセッションを持てないかと打診してきた。以前の面接では避けてしまったテーマに取り組みたいとのことだった。

二年前に親友が死んだあと、彼女には喪失の悲しみから立ち直れないまま、自分の日常も滞るほどの深刻な症状が出ていた。過敏な心気症症状だった。体のどこかに痛みなどのちょっとした異変を感知すると騒ぎ出し、大慌てで、いつもの医師に電話をした。さらに、スケート、スキー、シュノーケリングなど、以前にはしていたスポーツも、他の活動も、わずかでも危険があると、極度に怖れ、何もしなくなった。車の運転でさえ気分が悪くなり、今回のカリフォルニア行きも飛行機に乗る前は安定剤を飲んだほどである。容易に推測できるのは、友人の死が引き金になって、それまで覆い隠されていた死の不安に火がついた、ということである。

死について彼女が廻らせている想念を、二人で、率直に、予断を交えずに探って行った。わかってきたのは、他の人でもそうだが、彼女が初めて死と遭遇したのは、子ども時代に鳥や虫の死骸を見た時、そして祖父母の埋葬に立ち会った時だった。自分の死が避けられないことと気づいたのはいつ頃だったのか記憶はないが、思春期の頃に一、二回、自分の死を想像したことがあるのを思い出した。「私の足下に落とし穴がぽっかりと開いて、暗黒の中に永遠に落ちていくような感じでした。そこには二度と近づかないと心に決めたように思います」

そこで私は言った。「ジュリア、ひとつ質問をさせてくれるかな。死って、なぜそんなに恐ろしいんだろう？　とりわけ、死の何がそんなにあなたを怖がらせるのだろう？」

彼女は即座に答えた。「私がずっとそのままにしてきたことの全部です」

「というと？」

「まず、画家としての私のこれまでをお話しする必要があります。私の最初のアイデンティティは、画家でした。先生たちはみんな、私にはとても才能があると言ってくれました。若い頃にはかなりの成功をおさめたんですが、心理学をやると決め、画業はやめました」

そこで彼女は訂正した。「いえ、正確に言うとまったくやめたわけではなくて、今もデッサンをしたり色を置いたりしてみるんですが、結局はどれも仕上がらないんです。何か描いては引き出しにしまい込んだりで、収納できるところはもうどこも一杯です」

「え？　あなたは絵を描きたくて、始めるんだよね？　何か途中でやめてしまう理由が？」

「お金です。私はとても忙しくて、フルに面接をしています」

「どれくらい稼いでいるの？　お金はどのくらい必要かな？」

「そうですねぇ、たいていの人は私がそんなに稼いではいないんじゃないかと思ってるようです。

でも、最低でも週に四〇時間は面接を入れていて、それ以上になるのが普通です。だって、私立の学校に通う二人の子どもの学費が恐ろしく高いんです」

「で、ご主人は？　セラピストだったよね。同じくらい働いて、収入も同じくらいなのかな？」

「彼は、たぶん私よりもたくさんの人に会っていて、収入は私より多いこともあります。大部分が神経心理学の検査で、そのほうが儲かるんです」「となると、ふたりの収入を合わせれば、余裕の生活ではないのかな。でもあなたは、お金のために絵が仕上げられないということだったよね？」

「ええ、そのお金のことなんですが、ちょっと妙な具合になってまして、えーっと、夫と私はどっちがたくさん稼ぐか、ずーっと張り合う羽目になってまして。表立ってじゃないんですが、でも、いつの間にかそうなってしまったんです」

「なるほど。では、ひとつ質問をしてみるよ。一人のクライエントがあなたのところにやってきて、こんな話をしたと仮定しよう。自分は並外れた才能に恵まれ、創造的な表現活動をしたくてうずうずしていた。でも、夫とお金を稼ぐ競争になってしまい、それができなかった。ほんとはお金は必要なかったんだけど、と。さて、あなたは彼女にどう言うだろうか？」

彼女は、即座に、そこのフレイズだけイギリス語アクセントで答えた。それが今も私の耳に残っている。「こう言うでしょうね。『**なんてもったいない人生でしょう！**』って」

というわけで、この面接での彼女の作業は、そんな無理をしないで生きる方法を見つけることだった。私たちがテーマにしたのは、彼女が夫と競争的になることや、部屋いっぱいの描きかけのキャンバスの山、なぜそうなってしまうのかについてだった。たとえば、もう一つ別の運命を想定してみて、それを生から死に一直線に伸びた道に合流させることはできないか。あるいはまた、彼女が作品を仕上げないでいれば、自分の才能の限界がためされることはない。そのことがどこか好都合なのではないか？　などである。おそらく彼女は、自分にはすごいことができたはずだという確信を失いたくなかったのだろう。自分さえその気になっていたら偉大な画家になっていたかもという考えは、たぶん、魅力的なものだった。そしておそらく、どの絵も彼女が自分に求めたレベルには到底、達していなかった。

とりわけこの最後の見方はジュリアに響くものがあった。彼女は終生、自分自身に満足することはなく、八歳の時学校の黒板で見たモットーを心に刻み、自分を駆り立ててきたからである。

良く、より良く、さらに良く
決して休んではならない
良くが、より良くになり、
より良くが、いちばん良くになるまで

ジュリアの場合は、死の不安は隠された状態のままに表面に顕われうるという、もう一つの例になっている。彼女は、自分の死の不安を覆い隠している種々の症状を抱えて面接にやってきた。さらに、アリスのときと同じで、症状が現れたのは親しい人の死後である。その出来事は、彼女自身が自分の死と正対するという、覚醒の体験に貢献することになる。面接は急速に進展し、数回のセッションで彼女の悲嘆と、あれこれに怯える行動は消え、不満足を抱えた自分の日常のあり方に直接取り組むことになった。

「そもそも、死のどこが怖いのだろうか?」。私はクライエントにしばしば、そう質問する。するとさまざまな答えが引き出され、面接の作業がはかどることが多い。「私がずっとそのままにしてきたことのすべて」というジュリアの答えは、死について考えたり、死に直面した人たちにとって極めて重要な点に触れている。それは、**死の恐怖と、自分には生きられなかった人生があるという感覚とが密接に結びついている**、という点である。

言い換えれば、人は、自分の生を生きていないと思うほど、死への不安が大きい。生の不完全燃焼感に比例して死への不安は高まる。ニーチェはこのことについて次の二つの短いエピグラムで説明していて、説得的である。「あなたの生を生き切れ」「ちょうどよい時に死ね」。同じことを、映画『その男ゾルバ』の中で、ギリシア人ゾルバが「死んだあとには焼け落ちた城以外、何も残すな」と熱っぽく語り、サルトルは自伝で「私は静かに自分の終焉に向かっていた。自分の心の最後の叫びは、自分の著作の最後のページに書き込むことになること、死とは死者だけを連れ去ることだと確信しながら」と書いている。

兄の死の長い影——ジェイムズ——

四六歳のパラ・リーガル（弁護士補）、ジェイムズが面接にやってきたのには複雑な背景があった。自分の職業が嫌で仕方がない、根無し草の感覚に浸され、絶えず不安、酒が離せない。妻とはいつもガタガタ、ほかに親密なかかわりは皆無という状態だった。最初のセッションでは、対人関係、職業、夫婦間、アルコール依存など多々問題があったものの、その中には儚さとか死すべき運命といった存在論的なテーマと結びつきそうなものは、何も見て取れなかった。

が、やがて、より深いテーマが浮上してきた。彼がなぜ周囲から孤立しているのかに踏み込んでいくと、いつも同じ個所に行きつくことが、彼にも見えてきた。それは兄エドゥアルドの死である。エドゥアルドは一八歳の時、交通事故で命を落とした。ジェイムズは一六歳だった。その二年後ジェイムズはメキシコを離れてアメリカのカレッジに入った。それ以来、ジェイムズが家族に会うのは年に一回だけである。毎年十一月、彼は兄を偲ぶために「死者の日」には飛行機で必ずオアハカ州の実家に帰っていた。

それ以降のほとんどのセッションで、これまでとは別のテーマ、創生と終末に関する話題が現れ始めた。ジェイムズは、終末論、つまり世界の終わりに関わることなら何でも夢中になり、ヨハネの黙示録をほとんど諳んじていた。また創生のことに関しては、人類の起源は地球外にあると想定していると読める古代シュメールの文書に魅了されていた。

ただ、私にはこうしたテーマをここで扱うのは困難に見えた。たとえば、兄の死に対する彼の悲嘆、これも簡単には近づけそうにはなかった。兄の死への情緒的反応は分厚い雲のような健忘に覆われていたからである。エドゥアルドの葬儀のことで、ジェイムズが思い出せるのは、泣いていなかったのは自分だけだったという一点のみである。自分の反応は、まるでどこかよその家族の訃報を新聞で読んでいる時のようだった。これが彼の説明である。年に一度の「死者の日」の時でさえ、彼は、体はそこにあっても、心も魂もそこにはないと感じていた。

死への不安についてはどうだろうか？　死など脅威ではないと言うジェイムズにとって、これは問題にさえならない。実際、彼は死は善きことであり、あの世での兄たちとの再会を心から楽しみに待っていた。

私が強い懐疑を抱いていることを極力伏せつつ、また彼が万事に身構えてしまわないよう細心の注意を払いながら、科学的認識の外にある彼のパラノイア的とも思える信念を探索してみた。私の戦略は、その内容（つまり、地球外生物やＵＦＯの痕跡を認めるかどうかといったこと）に踏み込むのではなく、次の二つのことに焦点を合わせることだった。つまり、彼がこうしたテーマに関心をもつことの心理的意味と彼の認識のあり方――彼はそれらの知識をどのようにして知ったのか（どんな情報を用いたのか、十分な証拠となるものは何か）、についてである。

私は疑問を正面から、彼にぶつけてみた。アイビー・リーグの大学で最高度の教育を受けた人物が、人類の起源のテーマに関して、終始、科学方法論を無視するのはなぜか？　秘教的・超自然的信念を持つことで得るものは何か？　私には、そうすることがあなたを毒している、つまり、自分がヘンなやつだと思われるのが嫌で、誰にも自分の信念を明かさず、さらに孤立しているように見える、そう言ってみた。

私のこうしたかかわりはほとんど手応えがなく、面接はまもなく停滞に陥った。セッションの間、彼は落ち着かず、イラつき、いつもセッションの初めに「この面接、あとどれぐらい続くの？」とか、「僕はほとんど治ってるんでしょ？」、「これは、現金レジが毎回チーンと鳴って、それが絶対に終わらないケースでしょ？」など、猜疑と皮肉を交えた口上をぶつけてくるのが常だった。

あるセッションで、彼は強烈な夢を持ってきた。これが事態を一変させた。彼がその夢を見たのはセッションの数日前だったにもかかわらず、それは考えられないほど鮮明に彼の心に刻まれ、保持されていた。

――私は葬儀に参列している。誰かが台の上に横たわっている。司式の僧侶が死体の防腐保存のことを話している。人々が遺体の前に並んでいる。私もその列の中にいるので、遺体の防腐処理や、死に化粧が十分になされているのがわかる。私は無感覚のまま、葬列と一緒に進む。遺体の足先にちらっと目が行き、それから足全体が見えた。右腕には包帯が巻かれている。頭のほうに目が行った。兄のエドゥアルドだとわかった。顔に損傷はなく、綺麗な小麦色だったから。私は胸がいっぱいになり、泣き始める。二つの気持ちが湧く。最初は悲しみ、そして次に安堵。「エドゥアルドは元気そうだ」。私は独り言を言う。そして兄の頭のほうまで行って顔を覗き込み、「元気そうだね、エドゥアルド」と言う。それから妹の隣に座り、彼女に「彼は元気そうだ」と言う。夢の終わりのほうで、私は、ひとりエドゥアルドの部屋に座り込んで、彼の本を開く。そこには、ローズウェル（ニューメキシコ州）でのUFO目撃のことが書かれていた。

彼はこの夢を話したものの、そのあと自分からは何も言い出さない。そこで私は、この夢のイメージについて「自由に連想してみる」ことを勧め、こう言った。「君の心の目に残っているイメージに注意を向けてみてくれるかな。そうして、思ったことを言葉にしてみようか。自分の心に漂う考えを口に移すだけでいいよ。これは些細なことだし、とか、関係ないなと思っても、飛ばしたり変えたりしないでやってもらえるかな」

「胴体をホースが何本も出たり入ったりするのが見えます。黄色い液のプールに浮かんでいる体が見えます。たぶん防腐用の液でしょう。他には何も見えません」

「君は実際にエドゥアルドの遺体を葬儀で見たの？」

「覚えてません。エドゥアルドの身体は事故で損傷が激しくて、葬儀は柩を閉じたまま行われたはずだし」

「ジェイムズ、この夢を思い出している間、君はしきりにしかめっ面をし、顔の表情もめまぐるしく変わってたよ」

「これは不思議な経験で、これ以上は先へ行きたくない感じで、だんだん集中力が下がってきて、でももう一方では、夢に引っ張られています。夢に力があるんです」

夢はとても重要な気がしたので、私はそのあとも続けた。

「君は、エドゥアルドは元気そうだと言ったよね、三回も繰り返して。そのことはどう思う？」

「そう、ほんとうにいい顔色をしてたんです。日焼けして、健康そうで」

「ただ、彼は死んでいたんだよね。死んだ人が健康そうに見えるというのはどういうことなんだろう？」

「さぁ。あなたはどう思います？」

「私が思うに、彼が元気そうに見えたということは、君がほんとは今も彼に生きていてほしいと強く願っていることの表れではないかな」と答えた。

「理屈の上では、そうかなとも思うんです。でも、気持ちはそうは感じていないんです」

「一六歳で、あんな形で兄さんを亡くすなんて、悲惨な出来事だったね。君の人生全体に痕跡を残してしまったんだろうね。たぶん、今あなたはあのときの一六歳の少年に、哀哀の情を感じ始めたんじゃないかな」

ジェイムズはゆっくりと肯いた。

「ジェイムズ、悲しそうだね。今、何か考えてるの？」

「母が電話で兄の事故のことを知った時の、やり取りを思い出しています。ちょっと聞いただけで、何かとんでもないことが起きたんだとわかりました。私はその部屋から出ていきました。今思うと、それ以上、聞きたくなかったんでしょう」

「聞こえないように、聞かないようにすることが、痛みに対してやってきた君の方法だった。それ以降、拒否すること、飲酒、あれやったりこれやったり。でも、効果も限界、もうこれ以上は無理。そして、苦痛は今もある。こちらのドアを閉めると、ほかのドアがノックされる。ここでは夢の中に流れ出してきた」

ジェイムズが首を縦に振ったので、私は付け加えた。「それで、夢の最後のところについてはどうかな？　ローズウェルに現れたＵＦＯの本のことだが？」

ジェイムズは大きくため息をつき、天井を見つめた。「僕にはわかっていました。次にその質問が来ると」

「これは君の夢で、君の中で創られ、そこにローズウェルのＵＦＯが登場する。死とＵＦＯとは、何か関係あるんだろうか？　心に浮かんでくることが何かあるかな？」

「このことを認めてもらうのは簡単じゃなさそうだけど、じつは、僕は実際にも兄の本棚にそれを見つけ、葬儀の後に読んでいるんです。うまく説明できないけど、こういうことなんです。もし、私たちはどこからやって来たのかを、僕がきちんと見つけ出せたなら――おそらくそれはＵＦＯからで、地球外からなんだけど――僕は、今よりはずっとよく生きられるのに、と思うんです。僕たちが、なぜ、この地球の上にいるのか知りたいんです」

ジェイムズは兄の持っていた人類の来歴に関する信念をそのまま生きることで、兄を生かし続けようとしているのではないか。私は、そう思った。しかし、こうした考えも彼には役立つとは限らないと思い、それは口にしなかった。

この夢を見たこと、それについて私たちがやりとりをしたことで、面接に変化の前触れが顕われた。ジェイムズは人生と面接に対して、これまでよりもはるかに真剣に向かうようになったのである。面接での両者の関係も、より緊密なものになった。私を現金レジスターだと皮肉ることも、この面接はどれくらい続くのか、自分は治ったのか、といった質問もなくなった。今や、彼には見えてきたのだ。死が彼の青春に深い刻印を残し、兄を亡くした悲しみが、彼の人生の選択の際に、たびたび影を投げてきたことを。そして、それがもたらす激しい苦痛が、人生全体を見遥かしたり、自分自身のことや、自らの死すべき運命について、思いを巡らす気持ちを削いできたのだということを。

彼は、依然として科学では説明不可能な事象に興味を持っていたが、変化は全体に及んだ。アルコールをきっぱりと断ち（アルコール依存の回復プログラムには頼らず）、妻との関係も大幅に改善した。これまでの仕事を辞め、盲導犬訓練の仕事を始めた。彼にとっては、この仕事は世の人のために役に立つもの、という意味があった。

重大な決定と覚醒の体験

重大な決定は、たいていの場合、深い根とつながっている。ある選択は、それ以外のものを放棄することであり、そして、どんな放棄も私たち自身の限界と有限に気づかせてくれる。

「募集中」と「売約済み」――パット――

四五歳の株仲買人パットは四年前に離婚したが、新たな関係が始められず、私のところにやってきた。じつは、五年前、彼女が離婚を決めた折にも、数カ月間のセッションを持っていて、今回は二度目である。彼女は、新たな男性・サムに出会い、魅力を感じているものの、不安も渦巻いていた。

彼女は、自分はパラドックスに捉えられている、サムを愛しているのに、彼とのことを続けるのは苦痛なのだという。あるパーティの招待状が届き、その出席者の中に自分の親しい友人や仕事の関係者の名前があったため、最後の頼みの綱と私に電話をしてきたのである。サムと一緒に行くべきかどうか？　この悩みは日増しに大きくなり、止まらなくなってしまった。

なぜ、こんなことになってしまったのだろうか？　まずわれわれは最初のセッションで、彼女が落ちつかない気持ちに陥る理由が見えてくるよう試みたが、うまくいかなかった。そこで間接的なアプローチに切り替えて、誘導イメージをやってみることにした。

「パット、こういうのをやってみよう。役に立つと思うよ。目を閉じて、サムとあなたがパーティの場所に到着するのを想像してみてくれるかな。あなたはサムと手をつないで、その部屋に入っていく。友人たちがあなたを見つけると手を挙げ、近づいてくる」

私は、少し間をおいた。「その場面が浮かんできたかな？」

彼女は頷いた。

「では、その情景から目を離さないでね。自分の気持ちもそっちに向けてね。……そうなってきたかな。で、その感じを言葉にしてみようか。力を抜いてね。心に浮かんできたことを、言ってみてくれるかな」

「えっと、このパーティ、なんかイヤだわ」。彼女はしかめっ面をした。「サムとは手を放さなきゃ。彼と一緒のとこ、見られたくないし」

「目はつぶったままでね。で、見られたくないのは、どうしてなんだろう?」

「さあ、わからない。彼は私より二つしか上じゃないけど、立派な男性に見えるはずよ。彼は広告業界にいるから、みんなの前での自分の振る舞い方は、わかっているはず。だから、手をつないだままだと、二人は出来上がったカップルと思われてしまう。それも、もう若くはないほうのね。私はまだ、〝募集中〟にしておきたいのに、これだと、他の男性には〝来ないで〟って言ってることになる」。彼女は目を開け、こう言った。「〝募集中〟とか〝売約済み〟とか、今まで、こんなこと、考えたこともなかったわ。大学なんかで、誰か男の子のものを身につけてると、その子は彼のものって、レッテルを貼られる。それと同じ」

「あなたのジレンマぴったりの喩えだね。ほかに感じたことは?」

パットは再び目を閉じ、自分の視覚イメージに戻った。「結婚のことが浮かんできました。前の結婚をダメにしたことで、後ろめたさが残っているんです。以前の面接でわかったのは、結婚を壊したのは私じゃないってことでした。それまでにあったうしろめたさのことを、ずいぶんと話しましたから。でも、ダメなんです。今は、そうは思えないんです。結婚の失敗は人生で初めての挫折でした。

それまでは何事も上向きでしたから。もちろん、結婚のことは何年も前に終わったこと。でも、いざ他の男性を選ぶとなると、あの離婚のことが蘇るんです。もう、過去は変えようがない。あれは、私の人生にあった、取り戻せないこと。消えてしまった時間。ええ、そうなんです。それはわかっていました。でも、こんなにはっきりしたのは、今が初めてです」

パットのことからわかるのは、自由ということと死すべき運命との関係である。決定が難しい時には、そのこと自体が実存の不安や自分の責任といった岩床に当たっていることがよくある。パットが決心をするのに、なぜこれほど苦しんでいるかを確かめてみることにする。

決めるということは、何かを諦めるということでもある。どの「イエス」にも「ノー」が含まれている。彼女が、一旦、サムの相手だと見られると、他の可能性――もっと若くて、たぶん、もっと優秀な男たち――は外れて行く。彼女がサムを選んだということは、同時に〝募集中〟の看板も下ろしたということになる。彼女は自分で他の可能性を狭めようとしている。そこには影の面がある。つまり、狭めれば狭めるほど、その人の人生は小さく、短く、生気を失ったものに思えてくる。

ハイデガーは、かつて死を「さらなる可能性が不可能になること」と定義した。パットの不安について言えば――表面的には、彼をパーティに連れて行くかどうか決められないということなのだが――それは死への不安という底なしの井戸の深みから湧き上がってきたものである。それは覚醒するという体験をもたらす。つまり、自らの決定が持つ、より深い意味に目を向けることに役立つ。

今回のセッションでは、選択がもたらすものというテーマが扱われ、彼女は、自分はもう、あの若い頃に戻れないのだという、より大きな気づきにたどり着いた。自分の人生は離婚するまでは上り調子のつもりだったが、今では、離婚は避けられなかったんだとわかったとも言った。そしてついに、流れに身を委ね、あきらめることを認めて、未来を向いてサムとも踏み込んで関われるようになった。

彼女が抱いていた錯覚、私たちはたえず成長し、前進し、より高みへと昇っていくという考えは、彼女に特有のものではない。この錯覚を強めるのに多大な貢献をしたのが、啓蒙時代以降のヨーロッパ文明に特異的な、進歩という考え方であり、また、アメリカ的な上昇志向である。当然のことながら、進歩とは一つの見方にすぎず、歴史のとらえ方はほかにも多々ある。古代ギリシア人は進歩という考え方には立たず、それどころか、彼らは自分たちの今を、数世紀にわたる輝ける過去の黄金時代からの衰退だとみていた。パットがそうだったように、上へ上への進歩というのは自分たちの思い込みだったとわかってしまうと、それは動揺を与えもするが、同時に、考え方や信念も大きく転換させうる。

人生の節目と覚醒の体験

目覚めるという体験はほかにも多々あるが、あまりにありふれ、それゆえ相当気づきにくいものもある。学校や大学の同窓会、誕生日や記念日、財産の譲渡や遺言書の作成、そして五〇歳や六〇歳という大台の誕生日のような、生活の中の節目が、そのきっかけとなる。

同窓会

学校や大学の同窓会は、とりわけ卒後二五年以上になると、覚醒するという体験のポテンシャルを豊富に持つ。大人になり、年を重ねたクラスメイトに会うことほど、互いの人生の転回を目の当たりに見せてくれるものはない。またクラスメイトの訃報は、その都度、一気に酔いを醒ますほどの強力な覚醒をもたらす。ある同窓会では、上着の襟に若い頃の顔写真をピンで留め、参加者たちが写真と今の顔を見比べながら部屋を歩き回って、皺の目立つ顔の中に若く無垢な瞳を見つけようとする。「みんな、年取った。自分はここで、一体何をしているのだろう？　自分も、みんなからそう見られているに違いない」。誰しも、こうした思いに駆られる。

私にとっての同窓会とは、三〇年、四〇年、いや五〇年も前に読み始めた物語の、結末のようなものだ。クラスメイトたちは歴史を共有し、互いに深い親密感を抱く。彼らが互いを知ったのは、まだ若くて溌剌としていた頃、大人の人格(ペルソナ)を創り上げる前である。同窓会がたくさんの新たな結婚を生み出すのは、おそらくそうした理由からだろう。かつてのクラスメイトだから信頼できると感じ、昔の恋が再燃する。限りない希望を舞台背景に、遠い昔に始まった劇。誰もがその登場人物なのである。私はクライエントに、同窓会に出て、その時の皆の反応を記録しておくよう勧めている。

財産の譲渡

財産の譲渡を考える時、それは必然的に実存に関わる覚醒をもたらす。自分の死について、また、相続人について話し合い、あなたが生涯かけて蓄積してきたお金やさまざまな物をどうするか、あれこれ考えることになるからである。この人生の棚卸しの途中で、次々と疑問が湧いてくる。私は誰を愛しているのか？　愛していないのは誰か？　私が死んで、悲しむのは誰だろう？　誰に対して多く与えるべきか？　こうして自分の人生を通覧しているまさにこの時に、人は、自分の最期に向き合い、また、葬儀の手はずを整え、さらには、棚上げになってきたことにケリをつけるために、現実的な判断をせねばならない。

不治の病いを患ったあるクライエントが身辺整理を始め、家族が読めば不快になるようなメールを、何日もかけて消去した。昔の恋人たちからのメールを削除した時、彼は気持が溢れ、胸がいっぱいになった。写真や思い出の品、胸ときめく情熱的な経験のすべてを最終的に消してしまうことで、自ずから実存の不安が引き起こされる。

誕生日・記念日

何か特別な誕生日や記念日も、覚醒の体験になりうる潜在的な力を持っている。私たちは、いつものようにプレゼントやケーキ、お祝いのカード、それにパーティを開いて誕生日を祝うが、本当のところ、それは何のお祝いなのだろうか？　たぶんそれは、時間が容赦なく過ぎ去って行くことへの悲哀やその残滓を振り払うためなのだろう。セラピストたちが、クライエントの誕生日――特に一〇年ごとの大台に乗るそれ――を気にとめておき、そのことでどんな気持ちが引き起こされるかを尋ねてみることは、面接の運びを良くする。

五〇歳の転回点――ウィル――　死すべき運命というテーマに敏感になったセラピストにとっては、それらが自分たちのまわりに遍在していることに改めて気づき、驚くことになる。私がこの本のある章を書こうとした矢先、セッション中には私自身の関心やテーマをおくびにも出していないはずなのに、そんな日に限って、クライエントの誰かが、私が今、まさに書こうとしているテーマにピッタリのことを言ってくれる、そんなことが一再ならず起きる。たとえば、私が覚醒の体験についてこの章を書いている時に起きた、次のようなセッションもそれに当たる。

それはウィルとの四回目のセッションだった。彼は四九歳の極めて知性的な弁護士で、面接の依頼は、自分は仕事への熱意を失くし、これまで自分の知的能力をフルに使ってこなかったことに気落ちしているから、とのことだった（彼はさる著名な大学を次席で卒業していた）。

彼とのセッションは、同僚との確執の話から始まった。ある同僚から、彼はお金にならない仕事をやりすぎて、請求書に計上できる時間が少なすぎると、面と向かって非難されていた。職場での仕事の立ち位置を一五分ほどで説明した後、自分はこれまでどの企業ともうまく合わなかったことの詳細を語った。私は、これは背景として重要な情報だと感じ、その全部を記録したが、その日のセッションでは触れず、そのお金にならない活動の際、相手への彼の同情のトーンについてのみコメントした。ちょっと沈黙した後、彼はこう言った。「ところで、今日は私の五〇歳の誕生日なのです」

「ほう、それはどんな気分のものだろう？」

「そうですね、妻は大げさに騒いでいます。今晩、友人数人で誕生日ディナーを計画してくれています。私はしたいわけじゃないんです。そんなこと、好きではないし、大騒ぎは気が進みません」

「え、そうなの？　勝手に騒がれるのが嬉しくないわけ？」

「何やかやと祝い言を言われると、なんだか落ちつかないんです。それに、心の中で響く声がそれを掻き消すんです。『あの人たちは、本当のとこ、私のことを知らないよな』、『もうちょっと、わかってくれてたらな』と」

私は尋ねてみた。「もし彼らが、ほんとにあなたのことをわかるとして、それはどんなこと？」

「私も自分のことが、わかってなどいません。それに、下手なお世辞を言われるのも、自分から言うのも、気が進まないんです。なぜなのか、うまく説明できません。ただ、こうは言えます。どこか下のほうに、もう一つの暗い穴がある、と。近づけはしないんですが」

「ウィル、その下の穴から何か出てきたこと、あるのかな？」

「ええ、あります。死です。死のことを書いてある本を読む時は、きまって。特に子どもの死が出てくると、息が詰まりそうになります」

「ここに私といる時も、その暗い所から何かが出てきたと感じたことがあるだろうか？」

「いえ、それはありません。なぜですか？　何か思い当たることとか？」

「一回目か二回目のセッションの時、あなたには急に何か激しい気持ちが突き上げてきたようで、目に涙を浮かべていた。その時、あなたは涙を流すなんて滅多にないと言ってた。前後の流れはすぐには思い出せないんだけれど。あなたのほうはどうかな?」

「何も覚えていません。実際、そんなことがあったなんて、まったく思い出せなんです」

「あなたのお父さんのことと何か関係があったような……。ちょっと待ってくれる?」。私はパソコンのところに移動し、彼のファイルを「涙」で検索し、すぐに自分の椅子に戻って言った。「やはり、お父さんのことと関係があるようだ。あなたは悲しげに、お父さんと一度も一対一で話したことがなかった、とても心残りだと言い、それから急に涙を浮かべたんだよ」

「そうです、そうです。思い出しました。それに、こんなことってあるんでしょうか、昨夜、ちょうど父の夢を見たんです。それも思い出しました！　ついさっきまでは、この夢のことは記憶にありませんでした！　このセッションの初めに、昨夜夢を見たかと聞かれていたら、ノーと答えてたはずです。で、夢の中で、私は父と伯父と話していました。私の父は一二年ほど前に、伯父はそれより二年前に亡くなっています。私たち三人は何か楽しげに話をしているのに、私には自分がこんなことを言っているのが聞こえたんです。『あの人たちはもう死んだよ。でも心配しなくていい、これはどれもみんな道理に適ったことなんだから。夢の中では普通のことなんだよ』と」

「背後に流れている声はその夢のレベルを軽めに保って、眠りを続けやすくする役割を果たしているようだね。お父さんの夢は見ることがあるの?」

「以前には一度も。私が覚えている限りでは、ですが」

「セッションはもう、終わりに近いな。で、先ほど話題になった、お祝いの言葉を言ったり受けたりする件で、一つ質問したい。この部屋にいる時にも、その感じがあったかな? 以前、あなたが無料奉仕の活動の話をした時、私は、あなたの憐憫の情のことを話題にしたが、あなたからの反応はなかった。私があなたにポジティブな言い方をした時、どんな気持ちになったんだろうか。それから、あなたが私にポジティブな言い方をするのは、どこか難しいと感じてたんだろうか?(たいていはもっと早いセッションで、こうしたヒア・アンド・ナウの問いかけをする)」

「さぁ、はっきりわかりません。よく考えてみます」と、彼は立ち上がりかけ、そう言った。

私はさらに付け加えた。「最後にもう一つ、教えてもらえるかな。今日のセッションをして、それから私と会ってて、どんな気分になったか、ということなんだが?」

彼は答えた。「よいセッションでしたよ。前のセッションで私が涙を見せたことを覚えていてくれ、感激しました。でも、最後の段になって、私への褒め言葉やその逆のコメントについてどう思ってるか質問されたのには、正直言ってとても嫌な気分になりました」

「なるほど。そうした不快感を話題にすることこそが、これからの面接の行方を導いて行く、良きガイドになる。そう思うよ」

注目してほしいのは、ウィルとのこのセッションで、私が「暗いところ」のことを尋ねると、予想もしなかった形で、彼のほうから死のテーマを口にした、ということである。私はセッションの途中で席を立って、パソコンの記録を見に行くことは、滅多にしない。しかし、それまでは非常に理知的な彼だったゆえに、セッションの中で唯一見せた激しい気持のことを確かめたくなったのである。

私がここで取り上げることができた実存に関わるテーマを見直してみる。まず、この日が彼の五〇歳の誕生日に当たった、という点である。こうした節目になる誕生日には、一般にたくさんの心の支脈が浮き上がってくる。次は、彼の隠れた層について私が質問したところ、驚いたことに、彼自ら死のことが書いてある本、とりわけ子どもの死について読むと、いつも息苦しくなると答えている。さらには、これもまったく予想外にも、亡くなった父親や伯父に彼が話しかけている夢を、突然、思い出している。

その後のセッションで、その夢に関心を向けるよう方向づけると、彼は、父親の死、幼い子どもの死、さらにその背後にある自分自身の死にまつわる悲哀の気持ちや、隠れていた怖れについて、次第に気づいていった。二人でたどり着いた結論は、彼が死にまつわるさまざまな感情を遠ざけていること、そして、そうするのは、自分がそうした感情からの不意打ちに会わないようにしているからだ、ということである。セッションの間、彼は何度も言葉に詰まってしまうので、私は、彼が自分の暗い闇や、これまでに一度も口にできなかった恐怖を落ち着いて話せるよう、リードすることになった。

覚醒の体験としての夢

インパクトの強い夢がもたらすメッセージに耳を傾ける時、私たちには覚醒がもたらされる。悲嘆にくれた若い未亡人の語った、以下のような忘れ難い夢について考えてみたい。そこには、愛する人を失くし、遺された者が、自分自身の死すべき運命とどのように向き合うかがクッキリと示されている。

私は安普請のサマー・コテージの、囲いを廻らせたベランダにいる。ドアの外、数フィートのところには大きな獣がいて、威嚇するかのように口をバックリ開けて待ちかまえている。恐ろしい。私は自分の娘に何か起きるのではと、気が気でない。私は獣に生贄を与えて満足させようと決め、赤い格子柄のぬいぐるみの動物を、ドアの外に向かって投げる。獣はそれを平らげるが、まだそこにいる。その目は燃え、こっちを狙ってくる。

この若い未亡人には、自分の夢の意味がはっきりわかっていた。まず彼女は、すでに夫を連れ去ったあの死（威嚇する獣）が、今度は娘を連れにやってきたと思った。しかしその直後、危険に曝されているのは自分であることに気づいた。次の獲物は彼女で、獣はこっちに向かってきた。彼女は赤い格子柄のぬいぐるみを餌にして獣をなだめ、気を逸らそうとした。私が質問をするまでもなく、彼女はそのシンボルの意味を知っていた。彼女の夫は、亡くなった時赤い格子柄のパジャマを着ていたのだ。だが、獣は執念深く、彼女を狙ってきた。このきわめて明快な夢によって、面接には際立った変化が引き起こされた。彼女は、喪失の悲嘆から脱し、自分が有限の存在であること、また、いかに生きるべきかについて、深い思慮を巡らすことへと変わっていった。

覚醒の体験は、決して奇妙でも、稀でもない。それどころか、臨床の現場では日常茶飯事とも言える。したがって、私は訓練生の指導でも、これまで、セラピストとしてその覚醒の体験をどのように見つけだし、クライエントに役立てるかが大事であると言ってきた。マークの事例では、夢によって覚醒への扉が開かれる。

悲嘆の夢と覚醒の体験――マーク――

マークは四〇歳の心理士で、死ぬことについての慢性的な不安と断続的なパニック発作があり、私のところへやってきた。彼は最初のセッションから落ち着かず、じりじりしているのがよくわかった。彼は六年前に死んだ姉、ジャネットのことで、ずーっと苦しんでいた。マークが五歳だった頃、母親が骨癌になり、何度も再発しては手術を繰り返し、ひどい見かけになったあげく、一〇年して亡くなった。彼が生まれてから大人になるまでは、姉が彼の母親役だった。

姉のジャネットは二〇代前半でアルコール依存になり、結局、肝不全で亡くなった。彼は弟として姉に献身的に尽した。姉がこの病気になってからは、飛行機を使って、繰り返し看病に通ったが、十分なことができなかったのでは、そして、姉が死んだのは自分のせいなのではという考えにつきまとわれていた。彼の罪悪感は根強く、面接の中でそれを取り除くのは、とても困難に思えた。

すでに書いたように、ほとんどの悲嘆の展開の中には、覚醒の体験に至るポテンシャルが潜んでいる。それが初めて現れるのが夢の中である。彼がよくみる悪夢の一つに、姉の手から血が噴き出している、というのがあった。彼が五歳の頃、姉が近所の家の扇風機に親指を差し込み、泣き叫びながら駆け戻ってくるのを見ていた記憶が甦る。あたりに飛び散った真っ赤な血、姉も自分も恐怖のどん底。

その時、子どもの自分が考えた（はず）のことを、彼は思い出した。自分の庇護者ジャネット――大きくて、何でもできて、とても強い――彼女が、実際にはあんなに脆く、簡単にやられてしまうのなら、自分には本当に恐ろしいものがいっぱいあるんだ、と。姉自身も自分を護れないのだから、この自分なんかを庇護してもらえるはずがないんじゃないか。そう思ったとしたら、彼の無意識の中には、**もし姉さんが死ぬことになったら、その時には自分も死なねばならない**という方程式が潜んでいたに違いない。

面接で死の恐怖が話題になると、彼はますます落ち着きをなくしていった。私たちが話している間も、彼はよく部屋の中を歩き回った。実際の人生においても、彼はたえず移動していた。少しでも可能性があるようなら、未知の場所にも新しい仕事を求めて移って行き、ここの次にはあそこと、旅に明け暮れていた。どこかに根を下ろしてしまうと、死神の格好の標的にされてしまう。一度ならず、そんな考えが心をかすめた。彼は、自分の人生そのものが、単に死の順番待ちなのだと感じていたのである。

面接は難航し、それが一年続いたあと、次のような意味がはっきりとわかる、明るい夢を見た。それによって、彼は姉の死がもたらした罪悪感を払拭することになったである。

高齢になった叔父夫婦が、七ブロック先に住んでいる姉を訪ねて行こうとしている（ここで、彼は紙がほしいと言い、手渡すと、夢の中の七×七の升目と川の地図を描いた）。叔父たちは姉の家に行くのに、川を渡ることになる。自分も姉に会いに行くべきなんだろうとはわかっていたが、用事も残っていたので、さしあたり、家にいることにした。叔父たちが出かける準備をしている間に、姉へのちょっとしたプレゼントを持っていってもらおうと思いついた。彼らの車が出発してしまったあと、プレゼントにカードを添えてなかったことに気がつき、あとを追った。たしか、ごく月並みなカードに、「ジャネットへ、弟より」と書いたものだった。なんだか奇妙なのだが、姉は先ほどの地図にある川の対岸に立って、僕を手招きしていた。でも僕には何の気持ちも湧かない。

この夢の視覚イメージは、例外的にわかりやすい。年老いた親族は死んで（つまり川を渡り）、七ブロック離れたところにいる姉・ジャネットのところに行こうとしている（面接の時点で、姉は七年前にすでに死んでいる）。彼もいずれ川を渡らねばならないとわかっているが、後に残ることにした。彼にはまだなすべきことがあり、生に留まるには、姉をあきらめなくてはならないのだろうとわかっていた（それは、プレゼントに添えた型どおりのカードや、川のむこうから姉が誘っているのを見ても、何も感じなかったことに示されている）。

夢は一つの変化を告げていた。過去に関わる彼の強迫観念は消え、自分は目の前の人生をもっと豊かに生きるべきなのだと見え始めた。

夢は、他にもたくさんのクライエントの扉を開いてきた。その中には引退間近の外科医レイ、そしてケヴァンがいる。ケヴァンの場合、面接での作業はやり終え、終結が間近だった。

引退間近の外科医――レイ――

六八歳の外科医レイが心理療法に通うことにしたのは、退職が近づくにつれ、彼に付きまとうようになった不安ゆえである。二回目のセッションで、彼は次のような夢の断片を報告してくれた。

私は小学校の、たぶん六年生の時のクラス会に出かける。会場の建物に入り、入口に貼られたクラス写真を見る。じっくりと、一人一人クラスメイトの顔を確かめたが、私はそこにはいなかった。自分の顔を見つけ出せなかったのだ。


「夢を見ている最中は、どんな気分でした？」。私は尋ねた（これはいつも私が最初にする質問で、夢の全体や部分々々と結びついた情動や気分を明らかにするのに、とりわけ有効である）。

「うまく言えませんが、重くて、暗い感じでした。楽しい、では絶対にありません」

「では、夢から連想したことはどんなこと？　今もまだ、その夢が残ってます？」（夢はフレッシュなほど、そこからの連想には有用な情報が含まれている）

彼は頷いた。「そうですね。写真のことが残っています。見分けられない顔もたくさんあったのですが、自分がそこにいないことはわかるんです。写真の中に見つからないんです」

「で、そのことについて思うことは？」

「よくわからないのですが、二つ可能性があります。一つは、自分はそのクラスの中にいると思ったことがなかった、どの学年でもそうでした。私は人に好かれる質(たち)ではなく、いつも部外者でした。

手術室以外では」。彼は口をつぐんだ。

「で、二つ目の可能性は？」私は促した。

「はい。それはわかりやすいものです」と彼は声を落とした。「確かにクラス写真なのですが、その中に私はいない——ということは、おそらく私の死を暗示しているか、予告しているかです」

こんなふうに、夢は豊かな素材を与えてくれ、面接での可能な方向を示してくれる。たとえば、レイの自分の居場所がない感じ、人気がないこと、友人がいないこと、手術室以外には寛げる場所がないこと、それらについて話題にし、深めることもできただろう。また、「自分を見つけることができない」という彼の言葉もその入口になりうる。自分の核に触れていないという彼自身の感覚に焦点を当てることもできただろう。年単位の面接をするとしたら、こうしたテーマについての作業の予定表を、この夢が提供してくれることになる。

しかし、私の関心は、なかでも、彼のクラス写真に彼がいないという点に引きつけられた。彼が自分の死について語ったことこそ、最重要なテーマだと思ったからである。つまり、結局は、彼が六八歳になり定年が近づき、それをきっかけに面接にやってきたのだから。退職が迫ってくると、かねてより潜んでいた死についての心配が浮上し、それが夢となって現れる。そうしたことは稀ではない。

面接の終結と覚醒の体験

面接の終結についての夢――ケヴァン――

四〇歳のエンジニア、ケヴァンは、死をめぐるパニックに断続的に襲われていた。一四カ月間の面接で、それはほとんど消失し、最終のセッションで彼はこんな夢を報告した。

私は細長い建物の中で追いかけられている。それが誰なのかわからない。恐ろしくなって階段を駆け降り、地下室のようなところにたどり着いた。目に入ったのは、まるで砂時計のように、天井から砂が細い筋となって落ちてくる情景だった。その場所は暗く、私は前へ進んだが、出口は見つからない。すると急に、地下の廊下の端に倉庫のようなものが見え、巨大なドアが少しだけ開いている。私はこわごわ、そのドアをくぐる。

この暗い夢の中での気分はどんなものだったか？「恐怖と重さ」と、彼は答えた。何か連想することはあるか尋ねたが、ほとんどなかった。彼にはその夢は、それ以上何もないと思えた。私の存在論的な観点からすると、面接が終結し、もう私には会えなくなることが引き金となって、彼の内に別の喪失や死への想念が引き起こされてきたと思われる。夢の中の二つのイメージがとりわけ私の関心を引いた。砂時計のように砂が落ちるイメージと倉庫のドアである。私の考えを言うよりは、彼にこれらの視覚イメージの連想を話してもらうことにした。

「砂時計から思いつくことは、何かあるだろうか?」

「時間のことです。時は過ぎ去り、人生は半分終わった」

「では、倉庫のほうは、どうかな?」

「倉庫に並べられた遺体。モルグ（死体保管所）です」

「さて、今日が最後のセッションだね。時間も終わりに近づいてきた」

「ええ、ちょうど私も、そのことを考えていました」

「で、モルグと倉庫に置かれた遺体のことだけど、何週間もあなたは死のことを話題にしていないよね。もともとあなたが私のところにやって来たのは、そのためだった。面接を終るということが、そもそものテーマを思い出させたのだろうか」

「そう思います。今、私は本当に面接を終了してしまっていいのか、わからなくなりました」

経験豊かなセラピストなら、こうした疑問を真に受けて、面接を延長などしてはいけないことを知っている。面接を十分にやってきたクライエントでも、いざ終結が近づくと、ふつうでもかなりアンビバレントな状態になり、もともとの症状が再発することが知られている。かつて、心理療法（サイコセラピー）のことをサイクロセラピーだと言った人がいる。つまり、同じテーマを繰り返して何度も何度も扱うことで、そのたびにその人の変化が一段としっかり安定していく、と考えるのである。そこで私は彼に、今回の作業は予定通りに終わるが、二カ月後にフォローアップのセッションを持ってはどうかと提案した。二カ月後に会ってみると、彼は調子がよく、面接で得たものを実際の生活に応用し始めていた。

＊

覚醒の体験は、イワン・イリイチが死の床で経験したことから、余命いくばくもない多くの癌患者の体験、さらに日々の暮らしの中で出会うもの（たとえば誕生日、悲嘆、同窓会、夢、空の巣など）まで、とても広く存在している。そしてそれによって、人はそれぞれ、実存というテーマへと踏み込んで行くことになる。この覚醒の体験へと向かうには、こうしたテーマに関して豊かな感受性（ここに書かれていることを読んでこの感受性を育てていただけるなら幸いである）を持つ誰か、たとえば友人やセラピストの存在が導きの糸になることもしばしばある。

以下のような文の意味するところを心に留めておいていただきたい。**死と向き合うことは不安も引き起こすが、それはまた、生をとても豊かにする可能性も秘めている**、ということを。覚醒の体験は強力なものでもあるが、儚くもある。次の章ではこの体験をどのように持続させることができるかについて論議してみたい。

第四章　思考の力

思考（アイデア）には力がある。偉大な思想家や作家の洞察は、人が死の想念に思い煩うとき、その心を鎮め、生きる意味を見出そうとするときにも、何世紀にもわたって小さくない力を与えてきた。この章では、死の不安に怯えるクライエントや面接に援用して、とても有益だった哲学思想について考えてみる。

エピクロスの叡智

エピクロスは、哲学者の使命は人間を悲惨から救うことだと考えていた。人間の悲惨はどこからくるのか？　それはいつでもどこでもわれわれを襲う恐怖があるからだ。これがエピクロスの答えである。彼は、こう言う。死は避けられないという思いに脅かされると、生きる喜びまで邪魔され、純粋な快を手放してしまう。永遠の生への願望を叶える方法は存在しないし、その試みは、結局、徒労に終わる。皮肉なことに、人生への嫌悪を増大させ自殺してしまう人もいる。苦痛は人間の条件でもあるのに、それを感じるのを避けようとして、目的もなく何かにただ熱中する人さえいる、と。

エピクロスが奨めるのは、われわれが心の底深くに眠らせている快の経験を汲み上げるという、今まで誰もしたことのない作業、終わりがなく、また決して充足してしまうことのない探索である。

伝説によれば、彼は死の床に就いた時（胆石から発した合併症で）、焼き鏝を当てられるような痛みの中でも、自身の教えを実行して、友人や弟子たちとの楽しい会話を思い出し、平静を保ったという。

エピクロスの魅力的なところは、「無意識的なもの」という、現代に通じる視点を持っていたことである。彼は、こう強調する。たいていの人は自らが死ぬことへの心配を意識することはなく、それは偽装されて現われてくる、たとえば、過剰な信仰、蓄財に躍起になる、闇雲に権力や名誉を求める、などはそれである。これらはすべての怖れに代わるかりそめの安寧を与えてくれる、と。

エピクロス自身は、どのようにして死の不安を軽減したのだろうか？　彼はとてもよく構成された論議をいくつか提示した。が、弟子たちはというと、それをまるで教理問答のように暗記した。彼の呈示したものは、二三〇〇年にわたって論議され続け、今もなお、死の恐怖を克服するのに有効である。この章では、以下に挙げる彼の三つの主張について論議してみたい。これらは周知のものだが、同時に私がこれまで多くのクライエントとの作業を通してその価値を再発見し、また、私自身の死の不安の緩和に役に立つとわかったものでもある。

一、魂は滅びるということ
二、死とは究極の〈何もないこと〉だということ
三、シンメトリーという観点

魂は滅びる

エピクロスは、ソクラテスとは正反対に、魂は不滅ではなく肉体とともに滅びると教えた。ソクラテスはこの一〇〇年前の死刑執行の直前に、魂は不滅であり、自分は死んだ後には叡智を追求した者同士で創る永遠のコミュニティで楽しく暮らすのだと信じ、心の安寧を得た。彼のこうした態度はプラトンの対話編『パイドン』に十全に書きとめられ、新プラトン学派に受け継がれていき、行きつくところ、キリスト教の死生観の骨格となって、大きな影響を残すこととなった。

エピクロスは同時代の宗教的リーダーたちを激しく糾弾した。彼らは自分たちの権力を拡大しようとして、宗教規則や制限を守らない者は、死後には応分の罰があるなどと警告し、信者たちの死の不安を煽っていたからである（数百年後には、中世のキリスト教は宗教的な図像によって――たとえば一五世紀に描かれたヒエロニムス・ボッシュの最後の審判の図はその例である――死の不安に血みどろの視覚像を付け加えた）。

エピクロスは、こう言う。もし人が死すべき運命にあり、魂も滅びるのなら、死後について心配する必要はまったくない。意識はなくなり、失われた人生を悔やむことも、神々を怖れることもない、と。エピクロスは神々の存在を否定はしておらず（そのことについて議論するのは危険であった。ソクラテスが異端の科で処刑されてから、まだ一〇〇年も経っていないのだから）、神は人間の生活には関心がなく、ただ人間が希求する静謐と幸福のモデルとしてのみ有用だと言っている。

死、究極の何もないこと

彼が提示した二番目のテーマは、死とは私たちにとっては何もなくなることである、なぜなら魂は有限であり、死とともに消散するからだ、というものである。なくなってしまったものは知覚できないし、知覚できないものなら、それは私たちにとっては存在しない。他の言い方をするなら、私のいるところに死はない、死があるところに、私はいない、となる。つまり、「死は決して知覚できないゆえに、死を怖れることはない」となる。

この考え方は、「死は怖くないけど、そうなった時にそこにいるのはごめんだね」というウッディ・アレン〈訳注：精神分析から少なからぬ影響を受けた、あまりハリウッド的でない、アメリカの映画俳優・監督〉の気の利いたセリフにピッタリ対応している。エピクロスは、こう言う。私たちはその時にはそこにいない、死はいつやってくるかわからない、なぜなら死と「私」は、決して共存しえないから。自分が死んだら、自分ではそのことはわからないし、もしそうなら、そこには怖れはないのではないか、と。

シンメトリー

第三のテーマは、以下のようである。つまり、死んだ後に私たちが到達する〈何もない状態〉は、私たちが生まれる前の状態と同じである、と。彼のこの主張は、当時も多くの哲学者から反論があったが、今もなお死ぬことの不安に安らぎを与える力となっているようだ。

何世紀にもわたって、多くの人がこのことに言及してきたが、なかでも最も素晴らしいのは、ロシアの作家、ウラジミール・ナボコフの自伝『記憶よ、語れ』である。冒頭はこう始まる。

その揺り籠は深い淵の上で揺れている。誰もが知ることだが、われわれの一生は暗闇という二つの永遠の間をよぎる一瞬の閃光にすぎない。この永遠は二つながら同じはずなのだが、人は当然のことながら、（毎時およそ四五〇〇回、心臓を鼓動させながら）今、自分が向かっている深淵よりも、生まれる前の方を心静かに眺められる。[訳注1]

私自身は、こう気づいた。この二つの「何もない状態」——生まれる以前と死後——は同じもののはずなのに、人は後のほうのことはひどく心配しても、前のほうの暗い淵のことは少ししか気にかけないな、と考えてみると、たいていのことは悩まなくてもよくなる、と。

ある読者が送ってきたメールにも同様の気持ちが書かれていた。

今回は、忘却という考えには、それなりに満足できました。それが唯一の論理的帰結のように思えました。私は小さい頃からずっと、理屈から考えて、死んだ後は、誕生以前の状態に戻るはずだと考えていま

訳注1　ウラジミール・ナボコフ『ナボコフ自伝——記憶よ、語れ』大津栄一郎訳、晶文社、一九七九年、九ページを一部改訳。

した。死後にも生命が続くという考え方は、この結論の簡潔さに較べると、辻褄が合わないし、ゴチャゴチャしてわかりにくいように思います。私は死後にも命は続くと聞いても納得できません。というのも、快・不快によらず、生きることに終わりがないという考えは、生きることは有限と考えるよりもはるかに恐ろしいものだからです。

死の恐怖に苛まれるクライエントの場合、私は面接の初期にエピクロスの考えを紹介する。内省を目指す面接への導入になるし、彼／彼女との関係を創り出したいという私の気持ち、つまり、怖れというその人の内なる世界とつながり、安心してその旅程をたどる手助けをしたいという気持ちをクライエントに差し出すことになるからである。エピクロスの考えは自分には適しないとか、軽すぎると言うクライエントもいる。一方、そう考えることで心が休まり、助けになるという人も多い。彼の考えに触れたことで、自分の気がかりは普遍的なものであったこと、また、エピクロスのような偉大な魂も、まったく同じテーマで苦闘したのを知ったことによるのだろう。

波及作用

私は、臨床の場で、人が死の不安や命の儚さに苦しむことに向き合う経験をしているうちに、アイデアがあれこれ浮かんできた。なかでも**波及作用**という考えは相当な力があると思うようになった。波及作用とは、私たち誰もが――そうと知らなくても、またその意図がなくても――同心円状に広がる影響力を、何年にもわたって、時には世代を超えて、及ぼすことがある、という考え方である。つまり、ある人への影響は、次々に他の人に伝わるということである。池にできた波紋は次々と広がりつつ、ついには見えなくなっても、その波はナノ・レベルでも続く。こうして自分たちの知りえない遠くまで、何かを残すことになる。そう考えると、人間の存在は有限で儚いゆえに無意味なのだとする人たちへの、これは相当に有効な答えとなる。

波及効果は、当然ながら、自分の印象や名前を残すことからは遠いものである。私たちの多くは、はるか昔、学校でシェリーの詩から、そんなことをしても無駄なのだと教えられている。その詩は、今はさびれた地に建つ、壊れた巨大な彫像のことを歌ったものだ。

わが名はオジマンディアス、王のなかの王なり
汝ら力あるものよ、われの成し遂げし偉業を見よ、そして絶望せよ。[訳注2]

個人のアイデンティティにこだわっても、必ず無駄に終わる。一瞬々々を生きること、それは永遠を意味する。そうした考えも存在する。が、私の言う、この波及効果という発想は、そちらへと傾く

訳注2　オジマンディアスとは前一三世紀エジプトの専制君主、ラムセスⅡのこと。シェリーはエジプトを旅した人から聞いた話としてこのソネットを書いた。この二行は砂に埋もれている彫像に刻まれた銘文を採録したという形になっている。

のではなく、あなたの体験が何か大事なものを残していく、という意味である。たとえば、自分の特徴、叡智の一部分、教え導くこと、他者の世話をすること、安らぎなどが、他の人々、未知・既知の人に伝わっていく。バーバラの例はそれをよく示している。

友人の中に自分を探す――バーバラ――

バーバラは何年もの間、死の不安に悩まされてきたが、二つの出来事がその不安をぐっと大きく和らげてくれたと言った。

一つ目は同窓会での出来事だった。バーバラはそこで三〇年ぶりにアリソンに会った。彼女は少し年下で、思春期の頃の親友だった。バーバラを見つけると駆け寄ってきて、息ができないほど抱きしめキスをして、「一〇代のあの頃、ほんとにいろいろ、お世話してもらって」とお礼を言った。

バーバラは、ずっと以前から波及作用という言葉の意味は知っているつもりだった。学校の教師だった頃、自分が生徒たちに何かの影響を与えても、彼らはそれが誰からのものだったか忘れてしまう、それを指すのだと思っていた。そうなるのはしかたのないことだとも思っていた。しかし子ども時代の友人と出会ったことで、ぼんやりしていた波及作用についての考えの霧が晴れた。自分がアリソンに教えたり世話したことを、彼女がそんなにも覚えていてくれたことを知って嬉しくなり、そして少々驚いた。さらに次の日、アリソンの一三歳の娘に会い、もっと驚くことになる。彼女が、母の伝説の友人に会えると気持ちを高ぶらせているのを目の当たりにしたからである。

帰りの飛行機の中で同窓会のことを思い出していた時、突然、死について新しい見方が閃いた。たぶん死は、今まで考えていたような無に帰すことではないのかもしれない。自分という人間や、**自分についての思い出**が残っていくことさえも、それほど重要ではなく、一番大切なことは、自分が発した小さな波が伝わっていくことではないか。他の人が喜んだり、誰かの世話をすることにつながっていくような行為や考えが波及していくこと、自分に誇りをもたらし、さらにはマスメディアや外の世界にバラ撒かれた不道徳、恐怖、暴力に対峙するということではないか。そんなことを考えついたのである。

二つ目の出来事は、こうした考えをより強めるものだった。二カ月後、母が亡くなり、彼女は葬儀の席で短い挨拶をした。この時、母の好きな言葉、**その人の友達の中にその人がいるはずよ**、というのが浮かんできた。

この言葉に彼女は勇気づけられた。母の思いやり、優しさ、人生への愛、それが、一人娘の自分の中に生きている。そのことに思い至ったからだ。列席者に目を配りながら挨拶をしているうちに、彼女はその人たちの中に、体で母を感じたのである。母のしたことが友人たちにも波及していたのだ。さらにそれがその人たちの子どもにも、その次の子どもにも伝わっていくだろう。

バーバラにとっては、子どもの時から〈そこに何もなくなる〉と考えることほど恐ろしいことはなかった。私が伝えたエピクロスの思想には、反応はなかった。死んだあとに意識は存在しないわけだから、〈何もなくなる〉という恐怖を経験することは不可能なのですよと伝えても、彼女は安心しなかった。しかし、自分が差し出した他者への思いやり、手助け、愛によって存在が持続されるというこの波及効果の考えは、彼女の恐怖を大いに和らげたのである。

「その人の友達の中にその人がいるはずよ」。この言葉がもたらす安らぎ、生きる意味を創り出す力のすごさはどうだろう。第五章で述べるが、私が思うに『エブリマン』[訳注3]という中世の宗教劇が俗世に伝えるメッセージも、「〝善行〟は死へのよき供であり、また、それは次の世代に波及していくだろう」というものである。

一年後、バーバラは母のお墓の除幕式のために墓地を訪れた。その時には、また違った波及作用を体験した。たくさんの親族の墓が並ぶ中で父母の墓の前に立つと、気が沈むどころか、心の底からの救いと、魂に光が注ぐのを感じた。どうしてなんだろう？　彼女にわかったのは、言葉にするのは難しいが、あえて言うなら、「あの人たちにできるのだったら、私にもできる」ということだった。彼女の先祖の人たちは、死んでいても、彼女に相当なものをもたらしたわけである。

波及作用、さまざま

波及作用の例は無数にあり、しかもよく知られている。自分が誰かほかの人にとって大事な存在になってきたのを直接・間接に知って、喜びを感じない人などいるだろうか？　第六章では、私にとっての指導者（メンター）が、どのように波及作用を及ぼし、またそれが、この本を介して読者の皆さんのところまで届くのかを書いてみる。実際、人が引退する頃合いをとうに過ぎても、私がこうしてキーボードを打ち続けているのも、誰か他人の役に立ちたいためである。

私の著書『面接という贈り物』の中で、あるクライエントとの間で起きた出来事を書いた。彼女は放射線治療で髪が抜け、その姿がたまらなくイヤで、カツラなしでは、どう見られるのかと、ひどく怯えていた。彼女は面接室の中で思い切ってカツラを取った。私はわずかに残っている髪の毛の房を、指でそっと撫でた。何年かのち、回数限定の面接で、再び彼女と会った。彼女は最近、私の本の中で自分のことが書かれた部分を読み直し、自分の体験が、どんな形かで人の役に立つとわかって、嬉しかったと言った。

波及作用は、自分自身を未来にも存続させたいという悲壮な願望のために、あれこれと巡らす戦略とよく似ている。最もわかりやすいのは、自分の遺伝子を子どもに伝え、自らを生物学的に存続させたいという願望である。自分の心臓が別の人のために動く、自分の角膜が誰かの視力回復に貢献するといった臓器移植をすることも同じである。約二〇年前、私は両眼とも、角膜移植を受けた。ドナーが誰か知らされていないが、私にはしばしばこの知らない人への感謝の念がさざ波のように起きる。

他の波及作用の例を挙げてみると、

訳注3　イギリス一六世紀初に書かれた〈道徳劇〉の代表作。人間をめぐる美徳と悪徳の葛藤をテーマとし、死が訪れた時、最後の審判の席に立会ってくれるのは善行以外ないという教訓を寓意的に描く。

政治的・芸術的・財政的に卓絶した業績を上げること
建物、研究所、基金、奨学金に名前を残すこと
他の科学者の次なる展開が可能になるような、基礎科学への貢献をすること
自分の分子を四散させて、自然と合体すること。それは次なる生命体を創り上げる材料として立つのかもしれない

これまで、波及作用に関してとりわけ力を入れ、書いてきた。セラピストとしての私の利点は、一人の個人から別の人へと受け渡され、静かで、耳には聞こえず、触ることもできず、そうとはわかりにくいものについて、非日常的で特別な観点から書くことができることだ、と思うからである。

黒沢明の映画『生きる』（一九五二年制作）は、この波及作用のプロセスを力強く描き出し、今でも世界中で上映されている。物語の主人公、渡辺勘治は、実直を絵に描いたような市役所の課長。彼は自分が胃癌で、余命幾許もないと知る。癌によって、彼は覚醒の体験に導かれる。それまで彼の生活は判で押したような毎日だったので、同僚から「ミイラ」とあだ名されていた。

自分が不治の病に冒されていることを知り、彼は三〇年来初めて、無断欠勤を続ける。銀行の貯金から大金を引き出し、ナイトクラブ通いに刺激を求め、人生を取り戻そうと焦る。半ば自暴自棄の、放蕩の日々。ある日、街で偶然、元部下の小田切とよに会う。かつて、退屈で死にそうだからと言って辞めていった彼女は、生きる力に溢れていた。渡辺は彼女の生き生きとした様子に魅入られ、彼女

の後を追いかけ、どうしたらそんなに溌剌となれるか教えてほしいと懇願する。彼女は、お役所の仕事は何の意味もない、大嫌いだ！　と言う。そして、自分は今、おもちゃ工場で働いている、おもちゃが子どもたちを喜ばせると思うと元気が出る、とも言った。彼が自分は癌を患っていて、もう長くはないのだと言うと、一瞬、恐ろしいものでも見たかのような顔になり、踵を返して走り去ろうとする。その時、肩越しに言ったのが、「あなたも何か作ってみたら」、だった。

渡辺は変容を遂げ、職場に戻っても、型にはまったお役所仕事を拒否し、慣例も無視、後々まで子どもたちが楽しく遊べる児童公園を造ることに残りの命を捧げる。映画のラストシーンでは、死期の迫った彼が公園のブランコに腰かけている。降りしきる雪の中、「いのち短し／恋せよ乙女」と、『ゴンドラの唄』を歌う。彼の心は穏やかで、死を甘受する心境に達している。

波及作用、つまり次世代につながり、誰かの生活を豊かにするものを作り出すという行動が、彼、渡辺の恐怖を深い充足へと変えたのである。また、この映画で強調されているのは、渡辺個人の名前が残ったということではなく、最も大事なのは公園なのだ、という点である。事実、彼の通夜にやってきた市役所の同僚たちは、公園ができたのは彼の手柄なんかじゃないよと、酔っぱらってくどくど言い合う。

一瞬を生きることと波及作用

多くの人が言うのは、自分から死を考えることはまずないが、人生は一瞬だという考えにつきまとわれると、怖くなる、ということである。どんなに楽しい時でも、いま体験していることはすべて消え去り、間もなく終わりが来ると思ってしまうと、もうその考えに全部が支配されてしまう。友達と楽しく散歩をしていても、あらゆるものは消滅に向かう――その友人もやがて死に、この森も都市開発で変わってしまう――そう考えると、楽しさは消し飛んでしまう。もしすべてが灰燼に帰すのなら、大事なことなんて、あるのだろうか？

『無常について』というタイトルの短いエッセイの中で、フロイトは見事な議論（反論でもある）を展開している。ある夏の日、フロイトは二人の友人――詩人と精神分析の同僚――と一緒に散歩をしていた。詩人が、こう嘆いた。すべての美しいものは色褪せて無と化し、自分が愛したものは、絶対の消滅によって無価値なものになってしまう、と。フロイトは詩人のこの悲観的な見方に対して、いや、一瞬の存在であることは意味や価値を損なうことにはならない、と力を込めて言い、こう続ける。「それどころか価値を増すのです！　喜びの可能性に明らかな限界がもたらされるゆえに、喜びの価値が増すのです」。フロイトは一瞬の存在ゆえに無意味とする考えには、強く反論する。

私は、はっきりとこう言った。美は無常であると考えると、私たちの喜びが消える、という見方。私はこれにには納得しがたい、と。自然の美しさは、冬の到来とともに滅び、また翌年甦る。こうした回帰は、私たちの寿命と比べれば、いわば永遠と見ることができる。人間の体や顔の美しさは、私たちが生きている間に色褪せていく。しかし、こうして消滅するところにこそ、新鮮な魅力がある。ある花が一夜しか開かないから魅力がない、とはならない。同様に、芸術作品の美しさや知的業績の素晴らしさが、その時代の限界によって失われるなどとは、私には了解し難い。今日私たちが賛美する絵画や彫刻がゴミや瓦礫になってしまう時、あるいは、われわれの詩人の作品や思想家の営為を認めない人類が出現する未来、さらには、この地球上のすべての生物が絶滅してしまう時代。そうした時がやってくるかもしれない。しかし、これら美しいもの、完全なものすべての価値は、われわれが情趣を持って生活するためにのみ意味がある。それは、われわれよりも生き永らえる必要もなく、それゆえ絶対的な時間で考える必要もない。[訳注4]

このように、フロイトは人間の倫理や価値を死の支配から切り離し、また、個人の情緒的生活にとって実際に意味があることと一瞬の存在であること（無常）とは別であるとして、死の恐怖を和らげようとした。

人間はこれまで、今の瞬間を生きること、今の直接の経験に焦点を合わせることの重要さを強調し、一瞬ゆえの儚さという感覚をなんとか克服しようとしてきた。たとえば仏教の修行には、アニカ（一瞬を生きること）を主題にした冥想法がある。木の葉がだんだん枯れて消えてゆくさまに、さらにはやがて木そのものも儚く消えてしまうさまに、そして、自分の体もそうなっていくこと、そこに意識

訳注4　「無常について」『フロイト全集14』、本間直樹訳、岩波書店、二〇一〇年、三三〇ページを改訳。

を集中するのである。この実践を脱条件づけの一種、あるいは恐怖の中にその人を浸すことでそれに慣れることを狙う、暴露療法の一種と考えてもよいだろう。この本を読むことで、類似の効果を得る人もいるかもしれない。

波及作用は、たとえ人に知られず気づかれなくても、われわれ一人一人にとって大事なものは必ず残っていく、ということに思いを至らせ、それによって儚さの痛苦を和らげてくれる。

死の不安を越える、思考の力を借りて

哲学者や思想家の含蓄ある文章やアフォリズム（箴言）は、われわれ自身の死の不安や生きがいについて振り返ってみるのに、しばしば役立つ。クライエントや孤独な読者は、先哲の絶妙な表現やレトリック、それらが創る文の響きを通して、あるいは、その展開の緻密さ、前を突っ切って推進する力といった、論理の持つ力強さを梃子にし、これまで自分が馴染み、それゆえに膠着した存在に陥った生き方を脱することが可能になる。これまでにも述べたが、偉大な思索者も、われわれと変わらない悩みに苦しみ、格闘し、越えてきたのだと知ると、一安心する面もあるからだろう。あるいは、そうした印象深い文章そのものが、絶望を芸術に変えうることを示しているからではないか。

とりわけアフォリズムの天才だったニーチェは、思想の底力とはどんなものかを、最も辛辣な言葉で残している。「良きアフォリズムは、どの時代にも養分を与え続けるものの、時代の歯にとっては堅すぎる食べ物である。それは数千年間を経てもなお、消化されることはない。ここに、変化するも

のの中の不変、という言葉の持つ大きなパラドックスがある。たとえばそれは、塩のように常に必要とされ、しかもその味は決して変わらない食べ物のような存在である」

アフォリズムの中には、死の不安に直接に効くものもあるし、ものごとをより深く眺め、些事にかまけ人生を浪費してしまわないよう導くものもある。

すべては消えて行く、他に道はない

ジョン・ガードナー[訳注5]が書いた、ベオヴォルフ伝説をもとにした小説『グレンデル』では、怪物グレンデルが苦悩に苛まれ、賢者を尋ね当て、人生の謎について教えを乞う。賢者は答える。「究極の悪は、時間が絶え間なく消滅してゆくということだ。つまり、いま在るものはすべて滅びる」。最後に賢者は生涯を賭した自分の瞑想の結果を、四つの単語、二つの文に集約した。「すべては、消え行く、他に道は、ない」と。

「すべては消え行く」ことに関しては、これまで多くの言を費やしてきた。ここでは二番目の文について考えてみたい。「他に道はない」という言葉は、決心が必要な時に、人は迷ってしまうことを示す。なぜならすべての「イエス」の中には「ノー」があるはずだし、積極的な選択は、必ずほかの

訳注5　アメリカの作家（一九三三〜一九八二）。『グレンデル』は一九七一年の作。ベオヴォルフ伝説（古英語（OE）で書かれている）をもとに、現代の混沌状況にも通ずる暴力の世界を、怪獣の視点より描き出した。

選択肢を捨てることで成り立つからである。多くの人は、生きることには限界・減少・損失が付きものであることには目を向けたがらない。

例を挙げよう。「手放す」ということが、レスにとっては重大問題だった。彼は三七歳の内科医で、長い間、数人の女性のうち誰と結婚すべきか迷っていた。が、彼はついに結婚して、妻の家に引っ越し、そこに二つ目のクリニックを開いた。しかしこの数年間、一六〇キロ離れた前のクリニックも週に一日半開院して一泊し、かつてのガールフレンドとも会っていた。

面接では、彼がどうして他の選択肢を選べないのかがテーマになった。別の道——つまりクリニックを閉じ、女性とのことも終わりにする——と、どうなるのか、彼に投げかけてみた。彼には、次第に自分の持つ誇大的な自己像が見え始めた。彼はずっと家族の皆の希望の星だった。音楽も運動も得意、理科では州レベルの優秀賞ももらった。彼は自分がどんな職業を選んでも成功できただろうと思っていた。そして、自分は他の人にあるような限界を免れており、どんなことでも諦めなくてよい人間なんだと思い込んでいた。「他に道はない」という言葉は他の人にしか当てはまらない。人生はますます拡大、良好になる無限の上昇螺旋だという神話を持ち、これを脅かすものは何にでも抗ってきたのだった。

面接の最初の頃は、彼の快楽志向や節操のなさ、不決断という面を取り上げる必要があるかに見えていたが、最終的には、より深い実存的なところに踏み込んで行くべき状況に立ち至った。つまり、自分はもっと大きく、もっと輝き続けるという信念と同時に、他の死すべき人たちの持つ限界、死という限界からさえも免れているという信念。そこにテーマがあった。彼は（第三章に登場したパットと同じように）、どんな場合でも「手放す」ということがちょっとでも見えると、即座に脅威を感じた。彼は、「他に道はない」という法則を掻い潜ってやってきていた。そのことがわかったことで焦点が定まり、この面接での作業が進展した。彼が、ひとたび諦め手放すということを受け入れ、これまでのように何もかも手元に置いておこうとする執着を捨て去ることで、セッションの中で、彼の目の前の日常に関して、特に妻や子どもとの今・現在でのかかわりを取り上げることができるようになった。

彼の信念になっている、人生は無限に右肩あがりという考え方は、他の面接の中でもしばしば登場する。かつて私は、五〇歳のある女性と面接をした。彼女の夫は七〇歳、優秀な科学者だったが、脳卒中になり、認知症が進んでいる。そうした夫が一日何もせず、テレビの前に座っているのを目にすると、いら立ちもきわまる。我慢はしているものの、つい、くどくどと文句が出てしまう。なんでもいい、本を読む、もともと話していたスペイン語を使ってみる、チェスやクロスワードパズル、何か自分の状態を改善するようなことをしてみたら！　そんなことを、つい言ってしまう。夫が認知症になったことで、彼女がこれまで抱いていた、人生は学びと発見と喜びが次々と訪れ、どんどん上昇していくのだというヴィジョンは、砕け散ってしまった。もう一つの道――人は誰も有限の存在であり、幼児から子ども、成人となり、ついには衰える、というもう一つ別の道をたどる運命にあるということ、彼女にはそれが耐え難かったのである。

弱っている時には、とうに決着のついたはずのことが、またやってくる

ニーチェのこの言葉は、ケイトの場合にある役割を演じた。彼女は医師で、離婚を経験し、私とはこれまでに三度にわたって面接をしてきた。今回、彼女は六八歳になり、引退が近づいてきて、老いや死の恐怖と、そこからじわじわと迫ってくる不安に駆られ、私のところにやってきた。

面接が継続していたある時、朝四時に起きた彼女は浴室で足を滑らせて、頭部を大きく切ってしまった。出血がひどかったが、近所の人にも息子にも連絡せず、救急車も呼ばなかった。彼女は髪の毛がかなり薄くなり、いつもはヘア・ピースをつけていた。それなしでは、ほとんど髪のない老女姿になってしまう。病院の同僚と顔を合せることなど、できるはずがなかった。

彼女はタオルとアイスパックと一リットルのコーヒーアイスクリームをつかんで、ベッドにもぐり込み、傷口を冷やしながら、アイスクリームを食べた。一人ぼっちの気分の中で、母を思い出し（亡くなって二二年になる）、泣いた。夜が明けてから息子を呼び、同僚の個人開業の診療所に連れて行ってもらった。医師は傷口を縫合し、少なくとも一週間はカツラをつけないよう指示した。

三日後のセッションに、彼女は頭をショールで包んでやってきた。カツラのこと、離婚のこと、男女ワンペア標準の社会の中でシングルでいること、それが恥ずかしくてたまらなかった。それに、粗野で精神病状態だった母のこと（母は自分がみじめになった時には、いつもコーヒーアイスクリームを食べていた）、それから、子ども時代にずっと貧乏だったこと、幼いころ父が身勝手に家族を捨てたこと、あれもこれも恥かしいことだらけで、完全に参ってしまった。面接を二年もやったのに、何

も進展がなかった。そんなことを話した。

カツラなしの姿を見られるのがいやで、彼女は一週間あまり家に閉じこもって（私との一回の面接以外は）、家の大掃除に明けくれた。クローゼットの整理をしていると、前の時の面接ノートが出てきた。それを開くと、二〇年前にもまったく同じテーマを私と話していた。ショックだった。自分の恥ずかしさ、これをなんとかしたいということだけでなく、当時まだ生きていて、何かと邪魔をし、すぐに入り込んでくる母から解放されたい、そのために延々と格闘している自分がそこにいた。

彼女は、次のセッションには件のノートを手に、頭にはシャレたターバンを巻いてやってきた。が、自分にはまったく進歩がないことにひどく落胆もしていた。

「老齢になることや、死への恐怖のを話すのにここに来たはずなのに、私は何年も前とまったく同じなのね。恥ずかしさでいっぱいになって、あのクレージーな母を求め、母と同じコーヒーアイスクリームで自分を慰めるなんて」

「ケイト、そんな大昔のものが出てきた時の気持ち、わかるよ。で、ひとつ役に立つかもしれないことを言ってみるよ。一〇〇年前にニーチェは、『弱っている時には、とうに決着がついたはずのことがまた戻ってくる』と言っている」

彼女は、いつもは、沈黙の時間が流れるのを何としても避け、いかにもの言葉やフレイズを矢継ぎ早に繰り出す人だったが、この時は突然、静かになった。

私はニーチェの言葉を繰り返した。彼女はゆっくり頷いた。そして次の面接では、年をとることと将来の不安のテーマに戻った。

ニーチェのアフォリズムは、何か新しいことを言っているわけではない。私は、それまでに彼女を安心させようとして、あのとき退行が起きたのはトラウマへの反応だと説明はしていた。そこにニーチェのこの美しい言葉である。これによって、彼女はニーチェのような偉大な魂も、自分の体験と共通することを知り、自分のこの毒に当てられた状態は一時のものと納得したのである。一度は内なる悪魔を退散させたが、再びそれがやってくる。ニーチェの言葉によって、彼女はそのことを骨の髄から納得した。良き思想の影響、力を持つ思想も、一度だけでは十分ではない。繰り返すのがよい。

同じいのちを繰り返し生きること、永遠に向って

『ツァラトゥストラはかく語りき』で、ニーチェは一人の予言者、老賢者を描いた。彼は山の頂から下ってきて、自ら学んだことを人々と分かち合おうと決意する。

彼が説く思想のすべてには、自らが「最高の力を持つ思想」と考えている――永劫回帰という思想が遍在している。ツァラトゥストラは、こう言って挑んでくる。もしもあなたがまったく同じ命を繰り返し、未来永劫まで生きるとしたら、そのことであなたが変わるところはどこだろうか？と。次に引いた、身も凍るような言葉は「永劫回帰」の思想について彼が初めて書いたものである。私はよくこれをクライエントに朗読してきた。読者も声を出して読んでみてほしい。

ある日、あるいはある夜、あなたがこれ以上ない孤独の中にある時、悪霊が忍び寄ってきて、こう囁く。「お前は、お前が現に生き、そして生きてきたその自分を、もう一回、そしてそれ以降も、無限に繰り返して生きねばならない。そこには何ひとつ新しいものはない。あらゆる苦痛と喜び、あらゆる思念とためいき、お前の人生のありとあらゆるものが細大漏らさず、そっくりそのままの順序で戻ってくるのだ――この蜘蛛も、梢から洩れる月光も、そして今のこの瞬間も、この悪霊のおれ自身も。存在という永遠の砂時計がそのたびに上下ひっくり返される。お前もその砂の一粒と同じなのだ！」。これを聞いたあなたは、地に倒れ伏し、歯ぎしりをして、そんなことを言ったこの悪霊を呪うのではないか？　あるいは、彼に向って、「あなたは神だ、こんな神々しい言葉は、一度たりとも聞いたことがない」と答えてしまう、それほどの超越的な瞬間を経験するのだろうか。もしもこのような思想があなたのものになったとしたら、それは今のそのあなたを変えてしまうか、そうでなければ、たぶん、あなたを押し潰してしまう。（訳注：『華やぐ智慧』第四書「聖なる一月」三四一番）

同じ人生を繰り返し永遠に生きると考えてみること。この作業は、動揺を引き起こしうるという意味で、いわば小さな実存的ショック療法である。それはしばしば自分を鎮める一種の思考実験として役立つ。自分は本当に生きているのかを見直すことに導かれるからである。未来のクリスマスの幽霊（『クリスマス・キャロル』）のように、それは、この生、他ならぬあなたの生を、満足いくよう十分に、できるだけ悔いが残らぬよう生きられるべき、という覚醒を促す。ニーチェはこうして、些事にかまける私たちに生きる活力を蘇らせる案内人となってくれる。

自分が満足に生きられないのは他人のせいだと考えているかぎり、その人の人生には何の変化も起きないだろう。あなたを不当に扱うもの、たとえば、処置なしの夫、命令するしか能のない身勝手な上司、悪性遺伝子、あれこれのとらわれ。みんなそのせいだと思っているかぎり、あなたは袋小路に入り込んでいる。自分の人生での決定的な場面を引き受けるのは**あなたであり**、**あなたしかいない**。また、こうした事態を変える力を持つのもあなただけである。そして、たとえあなたが雁字搦めになったとしても、それでもその事態に向かう態度をさまざまに変えうる自由と余地を、あなたは持っている。

ニーチェがよく使う言葉に「**汝の運命を愛せ**」というのがある。言い換えれば「**あなたが愛することができる運命を創造せよ**」ということになる。

ニーチェは、最初は、永劫回帰という考えを提示し、それを展開してみせ、次のように推論する。もし時間が無限で、事柄が有限なら、事柄すべての組み合わせが、ランダムに繰り返し繰り返し行われる。すると、たとえばタイピストの猿が大軍となってランダムにキィを打ち続けたなら、一〇億年先にはシェイクスピアの『ハムレット』ができる、ということになる。そうなると数学は力を失い、論理学者からの激しい非難に曝される、と。

何年か前、私はニーチェが一四歳から二〇歳まで教育を受けたプフォルタ学院を訪れ、彼の成績表を見せてもらった。彼はギリシャ語やラテン語、諸古典学に優秀な成績をおさめている（もっとも、私のガイド役だった老古文書係の指摘では、クラスで一番ではなかったそうだ）が、数学だけは特にひどいものだった。結局、ニーチェは自分が数学的思考は得意ではないと気づいて、思考実験としての永劫回帰のほうに力を入れたのだろう。

もしあなたが彼のこの実験に参入した結果、その思考が苦痛で、耐えがたいとさえ思うなら、そうなることの説明は難しくない。つまり、あなたは自分の人生を十分に生きてきたとは思ってないということである。そこで、私は次のように質問してみたい。どんなふうに十分ではないのか？　自分の人生のどこを後悔しているのか？　と。

私の目指すところは、過去への後悔の海に沈むのではなく、どの人もこれからの自分に目を向け、人生を変える準備を整えて、自分に以下のように問うことができるようになるところにある。つまり今から一年か五年後に自分を振り返って、新たな後悔を重ねたり、これまでと同じ落胆をしないためには、今、自分には何ができるだろうか？　言いかえれば、後悔の山を築かないで生きる道を発見できるだろうか？と。

死の不安が、自分がこれまで充分に生きてこなかったという感覚に根ざしている場合、彼らの手助けをしようとする臨床家にとっては、ニーチェの思考実験はなかなかに手応えのあるツールを提供してくれる。ドロシィのケースはその例である。

一〇％分――ドロシィ――　四〇歳の簿記係ドロシィは人生の穴に落ち込んだという気持ちでいっ

ぱいだった。彼女は自分のしてきたことを後悔しながら日々を過ごしていた。たとえば、夫の浮気をどうしても許せず、離婚するしかなかったこと、父親とは生前に和解できなかったこと、好きになれない街で、虚しい仕事をズルズルと続けてしまったことなど。

ある日、オレゴン州ポートランドでの求人広告を見て、その町のほうがずっと住みやすそうに思えたので、しばらくの間は、本気で引っ越す気になっていた。が、その熱が急に冷めてしまった。転職するには年をとりすぎている、子どもたちは友達と別れるのを嫌がるだろう、そこには誰も知り合いがいない、給料は下がる、新しい職場の同僚とうまくやれるだろうか、など悲観的な考えが次々と押し寄せ、気持ちをくじかれたからである。

「ほんの少しの間、希望に胸を膨らませたけれど、そのあとは以前と同じように穴に落ち込んでしまいました」と彼女は言った。

私は言った。「私には、あなたは自分が掘った穴に落ちているように見えるんだがね。自分が生活を変えようとしても邪魔が入る。その通りだろうね。でも、それだけかな。言ってみれば、その全部があなたのコントロール外のことだよね――子ども、自分の年齢、お金、不快な同僚――そんなことがあなたの身動きできなさの九〇%になっている。しかし、あなた自身に関わる部分がまだ残っているのじゃないのかな、たとえ一〇%でも」

彼女は頷いた。

「で、私たちのこの面接で確かめてみたいのはその一〇%のところ。そここそ、あなたが変えることができる唯一の部分だしね」。この時点で、私はニーチェの思考実験を説明し、永劫回帰についての行を読み上げた。そしてこの実験に沿って、自分を未来に置いてみてほしいと言い、次のようなアイデアを提案した。「一年が過ぎたと仮定しよう。そして私たちは再びこの面接室で会っていると。その設定で行けそうかな?」

ドロシィはうなずいた。「ええ。ただ、一年後、自分がどうなっているか、私にはわかっているんです」

「それでもかまわないから、やってみようか。私たちは今から一年後にいる」。私はロールプレイを始めた。「ではドロシィ、この一年を振り返ってみよう。新たに後悔しているのはどんなことか、話してみて。それとも、ニーチェの思考実験の説明どおり、この一年を永遠に繰り返しながら生きるほうがいいかな?」

「とんでもない。あの穴の中で永久に暮らすなんて、まっぴらご免です。三人の子ども、お金もわずか、仕事もイヤ。これがそのままだなんて」

「では、自分の責任でできるところ一〇%に、この一年でどんなことが起きたか、そこから見ることにしよう。この一二カ月間、自分のしたことのうち、どれを後悔しているかな?　別なふうにするとしたら、どうしただろうか?」

「そうね。牢獄のドアはかろうじて一度ほんのわずか、開いていました。例のポートランドでの就職の可能性です」

「では、もしあなたがこの一年をやってみたとしたら、何をしたか……」

「あ、そうか、わかりました。その一年を、たぶん私はポートランドでの職のことでは何もしないで、ぐずぐず後悔しながら過ごすんでしょう」

「そうだろうね。私が、あなたは囚人であると同時に牢屋番でもあると言ったのは、そういう意味だよ」

ドロシィはその仕事に応募し、面接を受け、仕事の環境も確かめ、採用された。しかし、学校や天候、不動産価格、生活費を調べ、結局は断った。けれど、こうしたプロセスを経たことで、彼女の目（そして、牢獄のドア）が開かれた。真剣に引越しを考えたそのことだけで、彼女は自分が変わったと感じた。四カ月後、もっと家に近いところで、もっとよい職に応募し、採用され、就職を決めた。

＊

ニーチェは、時間の波の浸食にも十分耐えるほどの金剛石のような言葉を二つ、言っている。「自分自身になる」と「私を殺さないものは、私をさらに強くする」である。これらの言葉はどちらも、普通の言い方として心理療法でも使われている。それらの一つ一つを、これからつぶさに見ていくことにしよう。

「自分自身になる」

「自分自身になる」は、すでにアリストテレスにもしばしば登場し、スピノザ、ライプニッツ、ゲーテ、ニーチェ、イプセン、カレン・ホーナイ、アブラハム、マズローへと使われ、一九六〇年代の人間性回復を目指す運動を経て、自己実現という現代に至る考え方にまで連なる。「自分自身」になっていく、という考えは「自分の人生を完成させよ」「ちょうどよい時に死ね」というニーチェの別の言い方とも極めて近い。彼はさまざまに言い方を変えながら、生きられなかった生にとらわれることのないようにと説く。彼は言う。自分自身を完遂する、自らに潜在するものを具体化する、勇気を持ち十分に生きる。**そうすれば**、そしてまた、**そうすることによってのみ、人は後悔しないで死ねる**、と。

ジェニーは三一歳の法律事務所の秘書で、深刻な死の恐怖に苦しみ、私のところに相談にやって来た。四回目のセッションの後、彼女はこんな夢を見た。

私は自分が生まれたワシントンの家にいて、今は亡き祖母と歩いている。やがて私たち二人は大きなお屋敷が立ち並ぶ美しい街並みに足を踏み入れた。そして白亜の大きな邸宅の前に立った。その家には高校時代からの友人一家が暮らしていた。私は彼女に会え、とても嬉しかった。彼女は家の中を見せてくれた。部屋はどれも素晴らしく、私は眼を丸くした。部屋数は三一もあり、どの部屋にも家具や調度がしつらえられていた。それで、私はこう言った。「私のところは五部屋しかないし、家具があるのは二部屋だけよ」。私はひどく不安になって目が覚め、そして、夫にひどく腹が立った。

彼女はその夢の意味を直観した。三一の部屋の意味は自分の三一歳という年齢、そして、あれこれの自分を調べてみる必要がある、ということを。自分の家は五部屋しかなく、家具があるのは二部屋だということ。それは、彼女が自分の人生を不本意に生きている、ということを再認識するものだった。祖母がちょうど三カ月前に亡くなっていたことで、夢はさらに不安げものになった。

この夢がセッションに劇的な始まりをもたらした。私が彼女の夫への怒りのことを尋ねると、とても言いづらそうに、夫が頻繁に暴力をふるうことを打ち明けた。自分の人生だからなんとかしなくてはとわかっていた。しかし、結婚生活の解消は怖かった。彼女には男性との接点がほとんどなく、別の男性を見つけるのは無理だとわかっていたからである。何年もの間、夫の暴力に耐え、彼女の自己評価はひどく低くなっていた。夫に暴力をやめてくれるよう言うことも、別居や離婚に動くこともないままだった。このセッションの後、彼女は家には帰らず、まっすぐに両親の家に戻って、数週間を過ごした。そして、夫に夫婦面接を一緒に受けるべきだと最後通告を送り、夫はそれを承諾した。一年あまりの夫婦面接と個人面接の結果、彼女の結婚生活は大きく改善をみた。

「私を殺さないものは、私を強くする」

もう一つのニーチェの言葉は、現代の多くの作家たちに繰り返し使われてきた。これは、ヘミングウェイによく登場するテーマの一つでもある（『武器よさらば』の中で、彼は「破壊されたその場所で、われわれはさらに強くなる」と書いている）。彼のこの言葉は、人は不幸な経験によってより強くなり、さらなる逆境にも適応しうるという力強い助言として、今もなお生きている。このアフォリズムは、ニーチェの考え、つまり、土深く根をおろして嵐を切り抜ける木は、より強く高く伸びるという考えと、極めて近い。

このテーマの変化形の一つが、あるクライエントに見られる。この人は有能な知略に優れた女性で、大手企業のCEOだった。子どもの頃、彼女は父親からの陰湿な言葉の暴力に曝されていた。彼女は、あるセッションで自分の白昼夢のことを話題にし、未来の心理療法という空想を語ってくれた。

「白昼夢の中で私は、記憶を完全に消去する技術を持った女性セラピストに会っていました。たぶん私はジム・キャリーの映画『エターナル・サンシャイン』から思いついたのでしょう。ある日のセッションで、彼女が私に、父の出てくる記憶全部を消してほしいかと尋ねてくれました。家にはもともと父はいなかったのだと思いたいだけかもしれません。最初それはすごくいい考えだと思いました。でもよく考えてみると、それは難しいことだと気づきました」

「どうして難しいことなわけ？」

「そうですね、初めは簡単なことのように思えました。父という人は怪物で、子どもの私や兄弟姉妹には、ずっと恐怖でしたから。しかし結局、私は自分の記憶はそのままに、何も消さずにおくことにしました。虐待で悲惨な目に遭ったにもかかわらず、遥か彼方の夢だと思っていた以上に、人生を成功させてきましたから。いつのまにか、生き延びる力や知略を身につけてきました。あんな父親の子に**もかかわらず**、ですかね？　それともあんな父親**だったから**、なのでしょうか？」

こうした空想によって、彼女は過去に目を向ける第一歩を踏み出した。そこでは、父親を許すかどうかはそれほど大した問題ではなく、過去は変えられないということと折り合いをつけられるかどうかだろう。遅かれ早かれ、過去がもっと良いものだったらという願いは捨て去らねばならない。私がそう言ったことで、彼女は揺れた。彼女が経験した逆境の家庭環境によって、彼女は形作られ、鍛えられた。そこをいかに乗り越えるかを学び、独創的な機略を発達させた。それが彼女をこれまで支えてきたのである。

「死という負債を背負いたくないゆえに、生という貸し付けを拒否する人もいる」

バーニスには面倒な問題が起きて、面接を始めることになった。夫のスティーヴとは二〇年にわたって愛情に満ちた穏やかな生活を送ってきたものの、一方でなんとも言えない苛立ちも感じていて、ついには離婚を考えるまでになった。

私は、そうなった時期のことが気になり、いつ頃から夫に対する気持ちが変わり始めたのかを尋ねた。彼女は、それを正確に憶えていた。状況がおかしくなり始めたのは彼の七〇歳の誕生日からだった。それまでの株式仲買人の仕事をいきなり退職し、自宅で有価証券の個人取引を始めた。

自分の中に夫への怒りがあることに気がつき、彼女は当惑した。彼は今までとどこも変わらないのに、今になって、夫のアラが山ほど目に付くようになったのである。散らかす、テレビを見すぎる、服装に無頓着、運動をしない、などなど。夫は彼女より二五歳年上で、当然といえば当然なのだが、今の彼は老人なんだと改めて気づくことになった。退職がその節目になったのである。

われわれが話をする中で、彼女の心の動きがいくつか浮かび上がってきた。一つは、彼女が夫と距離をとりたくなったのは、彼女の言う「加速する」夫の老いを避けるためだったこと、そして二つ目は、彼女が一〇歳の時の母の死から受けた苦痛を消せないままだったことである。彼が死んだら、確実に喪失の苦しみがやってくる。失うことの苦しみは、もう味わいたくない、そう思ったのである。

彼女は夫との接点を少なくすることで、彼を失う苦しみから自分を護ろうとしているかに見えた。怒りを向けても、距離をとったとしても、死や喪失を回避する手段にもならないのではないか。私はそう言った。フロイトの同僚だったオットー・ランクの、「死の負債を背負いたくないゆえに、生の貸し付けを拒否する人もいる」を引用し、彼女自身の心の内に動くものをはっきりさせようとした。彼女のような心の傾きは珍しいことではない。多くのものを失うのを怖れるあまり、自分を無感覚にしたり、楽しむという生活に踏み出そうとしない人たち。そんな人たちもいるのはいる。

セッションが進む中で、私は、こう言った。「それはまるで、海のクルージングに出たのに、終わりが来るのが嫌だから、他の乗客と親しくするのも、楽し気なイベントにも参加しないのと同じですね。クルージングは必ず終わるのにね」

「ほんとにその通りです」と彼女は答えた。

「それに、日の出を楽しめないというのも……」

「ええええ、そうです。おっしゃるとおりです」。彼女は笑いながらさえぎった。

変わるというテーマについて、われわれが作業をしている中で、いくつか新たなテーマが浮上してきた。彼女は一〇歳の時の母親の死がもたらした傷口が再び開くのを怖れていた。何回かのセッションの後、彼女には自分の無意識が創り出した戦略は有効ではないらしいとわかり始めた。第一に、彼女はもはや孤立無援の一〇歳の女の子ではなかった。夫が死んだ時の悲しみは避けられないし、この自分を一番必要としている時に彼のもとを離れてしまうなら、悲嘆は罪悪感とともに一層膨れ上がることにもなる。

オットー・ランクは「生の不安」と「死の不安」の間には絶え間ない緊張がある、としている。これはセラピストにとって、とても役に立つ考えである。ランクによれば、発達し続ける人間ならば、個性化や成長を目指し、あるいは、自らに潜在する力を現実のものにしようと奮闘する。しかし支払わねばならないものもある。自然から生まれ出て、伸び広がり、離れ立とうとする時、人は生きることの不安に直面し、孤独に怯え、脆弱さを感じ、より大きな全体との基本的な結びつきを喪失する。この生きることとの不安が耐えられないほどになった時、われわれはどうするか？　向きを変える、つまり後退するのである。分離・個性化を棄て、融合に安らぎを見出す——つまり、自分以外のものと混じり合い、他に身を任せるのである。

この融合という解は、楽しく心地よいものだが、安定したものではない。結局は、自己という唯一性が失われたり停滞する感覚が生じ、そこからも退却することになる。こうして、融合は「死の不安」を引き起こす。生の不安と死の不安、個性化と融合という二つの極の間で、人は一生、行きつ戻りつする。彼が理論化したこの考えは、行きつくところ、アーネスト・ベッカーの驚くべき書『死の拒絶』（平凡社）の背骨になっていく。

面接が終結して数カ月後、バーニスは奇妙な夢に心を掻き乱され、その話をしたいと私とのセッションを求めてきた。メールで送られてきた夢は、次のようなものだった。

私はワニに追いかけられていて、とても怖い。それで、宙を二〇フィート（六メートル）も飛び越えたのに、それでもワニはどんどん追いかけてくる。どこに隠れていても見つかってしまう。震えながら目が覚めると、汗をぐっしょりかいている。

彼女はセッションで、夢の意味するところを掴んだ。ワニは、自分を追いかけて来る死だ、だから、逃げ場はないとわかった。でもなぜ今なのか？　それがはっきりしたのは、夢を見る前日の出来事に話が及んだ時である。その夜、夫はもうちょっとで車の大事故を起こすところだった。それで、彼女が、暗くなると視力が落ちるのだから、もう夜間の運転はしないでと強い口調で言ったことから、激しい口論になった。

しかしなぜワニなのか？　どこからワニが出てきたのか？　彼女は同じ夜、「クロコダイル・ハンター」のテレビ番組で知られたスティーヴ・アーヴィンの恐ろしい死に方を報じるニュースを観てからベッドに入ったのを思い出した。彼は潜水中に、アカエイの毒針に刺され、死んだのだった。私たちが話をしている途中で、彼女は「あっ！」と閃いた。スティーヴ・アーヴィンという名前は、夫（スティーヴ）と私（アーヴィン）の名前の組み合わせになっていると気づいたのだ。この二人の年上の男の死を、彼女は一番怖れていたからだ。

ショーペンハウアーと三つの生き方
――人はどう生きるか、何を所有するか、他人にどう映っているか

外見ばかり気にし、持ち物を増やすことや、他人がどう思っているかに気を取られるあまり、自分という感覚を失なってしまうという結果になっている人（たぶん、私なども含め）がいることは誰でも知っているだろう。こうした人の場合、何か質問をされたら、その答えを内にではなく外に探し求める。つまりその人は、相手がどのような答えを望み、あるいは予期しているかを見抜こうとして相手の顔色をうかがう。

そうした人には、ショーペンハウアーが晩年に書いた三つの生き方を示すエッセイを要約することが役に立つだろう（哲学に関心を持つ人なら誰にでもわかるように、明快な言葉で書かれている）。彼はこう強調する。個人の**ありかた**こそが重要なのだ。富やモノ、社会的ステイタスや評判も、幸せをもたらすわけではない、と。この考えは、実存という論点を明瞭に打ち出しているわけではないが、私たちが表層的なところから、より深い見方へと移行するのに手を貸してくれる。

一、**何を所有するか**　物質的な財産は幻影である。お金や品物を貯めることには終わりがなく、満足感に終わりはない。彼は洗練された言い方で、こう言っている。私たちは持てば持つほど欲しくな

る。富はまるで海の水だ。飲むほど、喉の渇きが強くなる。結局、私たちがモノを所有しているのではなく、**モノがわれわれを所有しているのだ**、と。

二、他人にどう映るか　評判というのは物質的な富と同様、儚いものである。彼は、こう書いている。「われわれの心配事と不安の大半は、他人の意見を気にするところから生まれる…。われわれは肉体からこの棘を取り除かなくてはならない」。よく見せたいという気持ちはとても強いもので、囚人の中には、死刑執行の場に赴く時でさえ、まず最初に、何を着ていくか、最期のジェスチャーはどんなのがいいだろうかと、考える者もいる。他人の意見も幻影であり、それはたえず変わる。意見というのは風前の燈火であり、われわれをして、他人が考えていることの、というより、**考えているらしいこと**の奴隷にする。他人がどう考えているかなど、決してわからないのだから。

三、自分のあり方　真に大切なのは自分のあり方だけである。ショーペンハウアーによれば、良き自覚は評判より大切である。われわれにとって、最も大事な目的は健康と知という財産である。それはアイデアをもたらし、自立と倫理に適う生を導く。私たちの心を乱すのは、**事柄ではなく、われわれがそれをどう思うか**、である。

この最後の考え、つまり、われわれの人生を決めるのは、自分の経験をどう理解するかであり、経験それ自体ではないということ、これは心理療法にとっても重要な原則であり、古くから知られている。これはまたストア派の中心的な教義であり、ゼノン、セネカ、マルクス・アウレリウス、スピノザ、ショーペンハウアー、ニーチェへと受け継がれ、さらに力動的心理療法や認知行動療法においても、その基本的な考えとなっている。

＊

エピクロスの提示した考えや波及作用、生きてこなかった人生にとらわれないこと、私が彼から引用したアフォリズムのすべては、私の実感に基づいたものである。それゆえ、それらすべては死の恐怖と闘う際に有効なものとなるだろう。しかし、こうした考えのどれもに含まれる力は、別の要因、つまり他者との親密なつながりによって、さらに拡大・増幅されうる。それについては次章で述べる。

第五章　死の恐怖を超える

われわれは自分が今、死へと向かっていること、そして他の生きとし生けるものすべても同様であると知る時、どの瞬間もどの存在も儚く、また、尊いものなのだということを、強烈に、ほとんど心裂けんばかりに感じるようになる。そして、そのことによって、すべての存在への深く清澄で限りない慈しみが生まれてくる。

ソギャル・リンポチェ　『チベットの生と死の書』

死は必然である。生きていたいという願い、自らが無に帰すことへの怖れは消えることはない。人が自らの生き方に意識を向ける時には、それは動物の本能のごとく、必ず登場する。

何世紀にもわたって、われわれ人類は死の恐怖を鎮める方法を数多く生み出してきた。意識して、あるいはそうと意識せずに。それは、もしかして人の数ほどあるのかもしれない。その中には有効なものもあるし、効果のほどは不明、あるいは無効なものもある。自らが死に直面することを従容として受け入れることができる人や、死の影を自分の存在の中核に置き直すことができる人たちもいる。次に引用するある若い女性からのEメールには、そのことがはっきりと表れている。

私は最愛の父を二年前に亡くしました。それを契機に、これまでには想像もしていなかった世界が広がっていきました。以前の私は、ことあるごとに自らの存在が有限であることに向き合う自分の能力を疑い、そして自分のこの生活もまた、いつかは終わると考え、そのたびに怯えていました。けれども今は、そうした怖れや不安の中にこそ、生きたいという気持ちがあるのだと思うに至りました。私はほかの人と違うなと、思うこともあります。日々の小さな出来事や生活にはあまりこだわらないからです。そして、それでいいと思っています。というのも、自分には何が重要で、何が重要でないか、はっきりわかるからです。社会が私に期待しているだろうことをするのではなく、自分の人生の厚みや広がりのために何かをする、その時の重圧やしばりに対処する方法を学ばねば、と思っています。……自分にもこうした欲があると気づいた時の喜びは、死への怖れを上回って、余りあるものでした。事実、人は死すべき存在であるということを認め、また受容することは、私自身の気持ちに沿うものでもあります。私には、自分が「それを掴んだ」という確かな手応えがあります。

まだ「それを掴んでいない」場合には、人は、自分が死すべき存在であることを拒絶したり、脇へそらしたり、何かに置き換えたりしてしまう。これまでの章では、そうした無理のある切り抜け方を見てきた。ジュリアは、長年の怖れから、少しでもリスクがある場合にはどんなところにも出かけないことにしていたし、スーザンは死の不安を些細な心配事へとずらしていた（第二章を参照）。あるいは、悪夢に怯え、「死という、やがては返さねばならない借りを作るくらいなら、生きるという貸し付けは絶対に受けない」ことにして、自分を狭めてしまう人もいる。新しいものやセックス、財産やお金、権力を、際限なく追いかける人もいる。

死の不安に苛まれる人は、未知の病気にかかった変な人なのではなく、死すべき存在という極寒から身を守ってくれる衣服を、家族や文化から準備してもらい損なった人たちなのである。彼らは人生のあまりに早すぎる時期に、あまりにも多くの死に遭遇したのかもしれない。あるいは、子ども時代に愛や世話や安全といった最も大事な体験をし損なっていたり、死ぬことをめぐってのお互いの気遣いや世話などの経験をしたことのない、孤独な存在なのかもしれない。それとも、彼らの感受性がとりわけ突出し、鋭すぎるゆえに、その文化が差し出す「死は存在しない」という宗教的な物語りに乗り切れないまま、醒めている人たちなのかもしれない。

どの時代にも、死に向かうための独自の手だてが工夫されてきた。たとえば、古代エジプトもそうだが、死を否定し、死後も命あることを約束するために創り上げられてきた文化は、他にもたくさんある。現存する死者の墓、少なくとも上層階級のそれからは、死後を住み心地良く過ごすためのさまざまな道具が副葬品として出てくる。

やや唐突な例だが、ニューヨークのメトロポリタン・ミュージアムにはカバの彫刻の副葬品[訳注1]がある。

訳注1　古代エジプトでは、カバは夜にも昼にも、水中にも陸上にも生きられる動物として、死後の再生や若返りの象徴、あちらの世界とこちらの世界をつなぐ聖なる動物とされる。本文中、「死者の楽しみのため……害のない存在……」とするのは、著者独自の自由な理解と思われる。

これは、死者の死後の生活での楽しみのための用意されたものである。しかしながら、こうした動物の石像は死者を脅かさないようにゆっくり歩くよう、短い足を与えられている。

近年までの西欧社会では、出産時の女性や子どもの死亡率が高く、人が死を目にすることは少なくなかった。かつては、現代のようにカーテンで仕切られた病院のベッドの上ではなく、その最期は自分の家で家族に見守られることが多かった。実際、不慮の死に遭遇したことのない家族はなかったし、墓地は家の近くに造られ、家族が頻繁に訪れていた。キリスト教では死後の永遠の命が約束され、聖職者が人生の出入り口の鍵の開閉をしてくれるので、民衆のほとんどは死後の世界を約束してくれる宗教的慰めを受け入れることとなった。そうした信仰のあり方によって、今も多くの人には心の安寧がもたらされている。この本の第六章では、宗教的慰めという論点から、死という決定的なことに直面することがもたらす慰めと、死の否定や死を無化することでもたらされる慰めとの区分を試みる。

私個人に関しても、また自分の心理臨床の実践からも、死の不安に対して最も有効な向かい方は、実存的な態度である。この本では、これまで実存というスタンスから、手応えを感じる多様なアイデアを、ラフは形でだが描いてきた。しかし、この章では、これらのアイデアが現実のものとなる際にどうしても必要なもの、人同士が結びつくことについて述べる。こうしたさまざまなアイデアが、他者と親密な関係で結びつくことによって、相乗効果が生じ、死の不安を低減させ、さらには覚醒する経験を自らの変容へと導くことにもなるからである。

人同士が結びつくこと

われわれ人間は互いに幾重にも結びついて存在している。人間社会とは「広範囲にわたる変革の歴史である」という考え方から出発しようと、「個人個人の発達である」という考え方から出発しようと、対人関係のコンテキスト、つまり、他者との関係を持つ存在としての人間を見ていることに変わりはない。霊長類、プリミティヴな文化、現代社会の三つを比較した研究の結果からわかったことは、そのいずれの社会でも、所属への欲求は相当に強く、また、基本的なものだということである。つまり、われわれは、お互いに濃く、しかも持続する関係を持つ集団の中で生きてきたことになる。その論拠はいくつかある。一つ挙げるなら、ポジティヴ心理学の最近の実証研究では、満足感を得るには親密な関係が不可欠、というものである。

しかしながら、死にゆく過程は、寂寥として、とても孤独なものでもある。死は、その人に結びついた人たちから切り離すだけでなく、世界そのものからも切り離すという、実に恐ろしい孤独に人を晒してしまう。

二種類の孤独

孤独には、日常の生活の中のものと、実存的なものとの二種類がある。日常のそれは対人関係によるもので、他の人と離れてしまっていることからくる苦痛と言える。この寂寥は、しばしば親密さを怖れた結果であり、あるいは拒否されること、恥、人に好かれていないなど感覚からやってくるもので、誰にも馴染みのあるものでもある。実際、心理療法の作業の大部分は、たいていの場合、クライエントが他者ともっと親密で持続しうる粘り強い関係を創り出せるよう、手助けすることに当てられる。

孤独は死へと向かう際の苦痛によって一気に高まりを見せる。われわれの文化では、この死への過程に沈黙と隔離のカーテンが張り巡らされている。人が死にゆくのを前にすると、立ち会っている家族や友人は、何を言っていいか戸惑い、相手との距離はますます遠のいていく。死へと向かう人を動揺させるのではと怖れるからである。そして、彼ら自身もまた、自らの死に直面してしまう恐怖に近づかないようにしている。ギリシアの神々でさえも、人間の死が近づいた時には、それに怯え、逃げ出していたと記されている。

この日常の中の孤独は二つの方向に働く。一つはまわりが死にゆく当人を避けてしまうという落とし穴になり、もう一つは、しばしば当人自らが孤立を選ぶ、である。どちらにしろ、人は自分たちの愛する人を、死に至る絶望的な世界に引き込んでしまわないよう、互いに沈黙を守り続けてしまうことになる。

体は病気ではないのに死の不安に取りつかれた人にも、これと同じことが起きる。もちろん、そうしたときの孤独は恐怖を一層、強める。一〇〇年前、ウィリアム・ジェイムスは「これ以上はない残酷な罰があるとしたら、身体的なものは別にして、人がいつの間にかその社会に追い込まれ、しかもそこのメンバー全員から完全に無視され続ける、といった事態なのではないか」と書いている。

孤独の第二の形は、実存的な孤独である。それは、より深く、そして個人と他の人との間に横たわる越え難い淵から生まれる。この淵は、われわれ一人一人が存在の中にただ一人投げ出され、また、一人で存在せねばならないということだけではなく、自分のことを十全に知っているのは自分だけだという世界に、われわれが生きている事実にもよる。

一八世紀、カントは当時広く受け入れられていた考え、「すべての人は、洗練されよく構成された公平な社会に生まれ、そこに住んでいる」という常識を覆した。今日、われわれは、神経組織が働くことによって、人は自らのリアリティを創り出し、その中で自分自身を演じている、ということを知っている。言い方を変えれば、人は無数の心理的カテゴリーを自分の中にそなえて（たとえば、質、量、原因と結果といった）、やって来る感覚データにふれるとそれが作動し始める。こうして、人はそれぞれ独自の仕方で自動的、無意識的に世界を描く。

実存的孤独とは、単に生物としての自分の命が失われるというだけでなく、自分の心のうちに存在する、豊穣で奇跡といってもよい稠密な世界が失われることであり、他の人の中にはまったく同じことが同じように起きることはない、というところにある。私自身の匂いの記憶、母親の羊皮のコートに顔を埋め、カビと微かな樟脳の匂いを嗅いだこと。小学生の頃のバレンタイン・デイには期待いっぱいで女の子と視線を交わし、ときめいたこと。そして黒檀の脚に赤いなめし皮のテーブル・トップの台で、父とチェスをし、叔父さんとはカード・ゲームをしたこと。二〇歳の時には従兄と花火の台を作り上げたこと。こうした星の数ほどある思い出は、私だけのものでもある。そして、その一つ一つのイメージの記憶は儚く、しかも私の死とともに永遠に消え去る。

われわれの誰もが、エリクソンの言うライフ・サイクルのどのフェイズでも、その形を変えつつ、対人関係での孤独を（日々の生活では寂寥感を）経験する。しかし実存的孤独は人生の前半にはあまり感じられない。それが最も鋭いものになるのは、後半生になって死が近づいてからのことである。その時にわかってくるのは、自分にとっての世界は消えるということ、さらには、この自分の寂寥に満ちた死への道行きには、誰も付き添ってはくれないのだという事実である。それは次第に大きなものになって行く。黒人霊歌には、「人はこの寂しい谷を一人で歩いて行くのだ」とある。

歴史と神話には、死の孤独を鎮めようとする人間の試みが満ち満ちている。たとえば、古代の王たちが自分の墓に奴隷を埋葬するよう命じたり、夫の火葬の際には妻も一緒に焚死させるインドの「サティ」という古い習慣。あるいは、天国での再会や復活という考え。また、自分は尊敬する思索者たちと語りながら永遠の時間を過ごしているという、揺るがぬ確信を持っていたソクラテス。さらには、中国のある地域の農民の場合——黄土の高原の中の乾ききった峡谷での、近年の例だが——未婚の若い息子を亡くした親は、死去した女性（墓を掘り返すか、死んだばかりの遺体）を探して、夫婦として埋葬する習慣のあることが知られている。

叫びとささやき——共感の力

われわれが他者との結びつきを持とうとする時、最も力を発揮するのは共感である。それは人同士がつながる時の接着剤であり、また、その人が感じていることを、こちらも深いレベルで自然に感じ取れるようにしてくれる。

　ベルイマンの映画、『叫びとささやき』ほど、死の影がもたらす寂寥感、そしてつながりを持ちたいという欲求を、鮮やかにまた説得的に描いた作品は、他には見当たらない。映画では、いまわの際にあってひどい痛みと恐怖にさいなまれるアグネスが、人の手でやさしく触れてほしいと懇願する。そんな母を前にして、娘たち二人の心は動揺する。一人は自分の人生が「嘘で固めた人生」だったと気がつく。しかし、二人とも母アグネスに手を触れることができない。彼女たちは他の誰かとも自分自身とも親密にすることができず、肉親の死にゆく姿に怯え臆して、二人とも逃げ出してしまう。ただひとり、家政婦のアンナだけがアグネスを優しく抱きかかえ、肌と肌を触れ合ってくれるのだった。

　死の直後、アグネスの孤独な魂はこの世に舞い戻り、彷徨う。そして、おびえた子どもの声で、自分は肉親の手で触れてもらえたら、本当に死ぬことができるのに、と訴える。姉妹は近づこうとするが、死体の紫斑と自分たちを待ち受ける死の影に怯え、恐ろしさのあまり、またまた部屋から逃げ出してしまう。そしてふたたび、アグネスを抱きしめたのはアンナだった。こうして、アグネスの願いは叶えられ、死出の旅へと向かう。

　もし、自分自身が眼前の死にゆく人と同じくらいの恐怖に面と向かえるのなら、そして同じ地平でその人に関われるのなら、この映画のアンナのように、死への道行きに同道することができるだろう。他者のためにこうした犠牲となることは、真に慈悲と共感に満ちた行為である。他者の痛みに、誰かもう一人が共にそれを経験しようとすることは、日常的にも宗教的にも、癒しの方法として何世紀にもわたり、繰り返されてきた。

けれど、それはそう簡単ではない。アグネスの娘たちのように、家族や近しい友人は、なんとかしようとするだろう。ただ、そうした時、人は自分が暗い話をしてしまい、死にゆく人の邪魔をするのでは、心を乱してしまうのではと怖れ、憶病になる。人は、自分が死に向かうとき、死への恐怖のことを語る場を作ってほしいと願うものである。もしもあなたが死への道の途中にいるか、あるいは死ぬことに関してパニックに陥っているのに、友人も家族も遠く離れていたり、あなたへの応答を避けているような場合、私のお勧めは、〈いま・ここ〉という位置にとどまり（第七章で、もっと詳しく書く予定である）、次のように語りかけてみることである。「私が自分の怖れのことを話したととしても、あなたはそれに直接には応えられないとわかっています。あなたのような近しい友人に心を開いて話せたら、とても助かります。それは無理ですか？　重すぎますか？」

今日では、われわれの誰もが、こうした死の不安を経験したとき、愛する人とだけでなく、より大きいコミュニティと繋がる機会が増えている。医療やメディアにも幅広い対応が用意され、ソーシャル・グループも多く活動している。それらは死に直面した人にとっては、孤独の痛みを和らげる新たな方法になっている。たとえば、今日、良質のガン・センターには患者サポート・グループ[訳注2]がある。三五年前には、私の知る限り、癌のターミナル・ケアでのサポート・グループは、私が立ち上げたものだけしかなかったさらには、インターネットを使ったあらゆる種類のサポート・グループが一気に拡大し、最近の調査では一年に一五〇〇万人がオンラインのグループにアクセスしたという結果がある。私は、命に関わるような病いを持つ人なら、同じ状況にあるメンバーのグループを薦めている。自助グループであれサポート・グループであれ、そうしたグループを見つけるのは難しくない。

最も効果的なグループは、通常、専門家のリードによるものである。専門家がリードする同じ悩みを持つグループでは、参加者メンバーの生活の質（ＱＯＬ）が改善するという研究報告がある。お互いの共感がなされることで、メンバー自身の自尊心や自己効力感が刺激される。しかしながら、別の研究では自助グループやオンラインのグループでも十分に効果があることがわかった。そうなると、専門家のいるグループが見つからない場合にも、こうしたグループを探せばよいことになる。

「そこにいる」という力

死に直面している人（命に関わる病気か、あるいは体は健康だけれど死の恐怖にとらわれているかのどちらかの人を想定）にとって、その場にいる誰かになるということこそ、われわれができる最大のことである。

訳注2　心理臨床のセラピストなど、対人援助の専門家がリードするグループを意味する。また、当事者とスタッフのみで構成され、それに専門家がいない場合は、自助グループと呼ばれる。

以下のやり取りは、死の恐怖に怯える女性に対して私が試みたものである。これは、友人としてあるいは家族として何ができるかの手がかりになるだろう。

友人に手を差し伸べる――アリス――

アリスは、第三章に登場した未亡人で、思い出の詰まった楽器類も自宅も、ともども売り払わねばならないことになって気持ちが落ち込み、そのやりとりに疲れ果て、高齢者住宅への引っ越しが目前に迫ってきていた。ちょうどそのときに、私は数日休暇をとる予定になっていた。この期間を凌ぐのは彼女にとって苦しいだろうと思い、火急の時のために携帯電話の番号を教えた。引っ越し業者が来て荷物を運びだし始めると、彼女は全身麻痺のパニックを起こしてしまい、友人たちも外科医もマッサージ師も、どうにもできない状態に陥った。彼女は私に電話をかけてきて、二〇分ほどのやりとりをした。

彼女が切り出した。「じっと座っていられないんです。もう、張り裂けてしまいそうで。どうしたらいいんでしょう」

「そのパニックの真ん中のところに目をやってごらん。何か見えるだろうか?」

「終わっていく、何もかも終わっていく。それだけ。私の家、あれこれの私の物、想い出、懐かしい昔。すべてが終わる。私の終わり。それが真ん中に見える。私が何を怖がっているか、言いましょうか。答えは単純。もう、私はいない、っていうこと」

「そのことは話したことがあったね。だから、繰り返しになるけど、あなたにとっては、家を売ったり、高齢者の住宅に移るってことがどんなことかって話した、それを思い出してほしいんだ。それはとてつもなく大きなトラウマになるだろうし、そして、引っ越し前後の混乱も、そのショックも、もちろん、小さなものでは済まなくなるだろうって。もし僕が今のあなたでも、やっぱりそうなると思うよ。誰でもそうだから。ついては、もう一つ想像してみてほしいことがあるんだ。今から三週間先に時間を早送りしたとして、僕らの今の話がどんなふうに見えるか、って」

彼女は言った。「その話では、もう効かないのよ。剥き出しのヒリヒリくる痛みなのよ！　死が私を取り巻いている。そこらあたり、みんな死よ。もう終わりだって、叫んでしまいたくなるわ」

「アリス、もうちょっとだけ、僕につき合ってくれ、質問をしたいんだ。前にもしたのと同じ、単純なやつだよ。君をそんなに脅かす死って、いったいどんなやつなんだろう？　そいつのことを電話口でも言ってもらえるかな」

「もう、さんざん話したじゃないの！」

アリスはイラつき、叫んだ。

「アリス、まだまだ、だよ。切らないでくれよ。いいかい、続けるよ」

「そうね、死んで行くのが怖いんじゃない。私には信頼する癌の先生もいるし、モルヒネとか必要になったらもらえるし。死後のことだって関係ないわ。そんなこと、五〇年も前に、全部ケリをつけてるわ」

「ということは、怖いのは死んで行くということ自体でもなく、死後への怖れでもない。もっと言ってみてくれ、君を脅かすのは死のどんなところなのかな」

「私は自分の人生を生き切ってないとは思ってない、その逆よ。私は自分がしたかったことはしてきた。こんなことって、全部話したわね」

「まだ続けられるよね、アリス。というと、どういうことになるの」

「さっき言ったとおりよ、もう、私はいない。私はまだ、この世を離れたくはないんじゃなくて、先のことを見届けたいのよ。私はこの世のここにいて、息子のことがどうなっていくのか見てみたい。いずれは子どもをもうけることにするだろうけれど、それを見ることができないと思うと、たまらなくなるのよ」

「でも、自分がそこにいないってことはわからないよね。それで、わからないってことも、わからないよね。僕もそうだけど、死は意識の完全な停止だって君も言ってたよね」

「わかっている、あなたは何度も言ってた。『われわれは自分が存在していないという事態を知ることができない、それゆえ非在はわれわれを脅かさない』とか。空で覚えてしまったほど。ということは、私は大事な時にそこにいないのに、それもわからないってことになる。あなたはこうも言ってた。存在しないっていう状態とは、自分が生まれる前にあった状態と同じなんだ、って。私はその言葉に救われたわ。でも、今はダメ。その言葉を思い出しても、今のこの気持ちが強すぎて、どうにもならない。言ってくれたいろんな考え方を思い出しても、気持ちが納まらないのよ。そこに届きさえしないわ」

「まだダメってことだね。ということは、そこに届くまでは、まだ続ける必要があるってことになる。それはできるんじゃないかな。私も一緒にいて、あなたがやれるところまで手伝うよ」

「恐怖に捕まえられているのよ。何と言っていいかわからなくらい怯えているのよ」

「アリス、死にまつわるどんな気持ちも、その一番底には生物として死ぬという恐怖があって、それはわれわれの中に組み込まれている。僕が思うに、この恐怖には形がない。僕自身の体験でも、それは同じだ。言葉では言い表せない。が、すべての生き物は、自らの存在を永らえたいと願う――スピノザは三五〇年も前に、そう言ってる。今、このことを知り、覚悟せねばならない。それゆえに、われわれは、時に恐怖に苛まれる。誰でもそうなる」

二〇分ほどすると、アリスはだいぶ落ち着き、電話は終わった。しかし数時間後、彼女から携帯に素っ気ないメールが送られてきた。そこには、今日の電話セッションは、まるで頬を叩かれたかのようだったこと、こちらの応答は冷たく、共感のないものだった、とあった。ただ、追伸のように、予想外に気分は落ち着いたけど、ともあった。次の日、さらにメールが来て、あの時のパニックは完全に収まりました――ただ、どうしてだかわからないけど、と再び記されていた。

さて、なぜアリスにはこうした変化が起きたのだろうか？　私の考えが助けになったのだろうか？　たぶん、違う。彼女は、エピクロスをベースにした私の話は、やり過ごしている。彼女の意識がなくなれば、自分に近しい人たちがその後どうなっていくのかは、まったくわからない。死後には自分が生まれてくる前と同じ事態に戻るという点についても同じだった。どの提案も無効だった。たとえば彼女がこれから生きていく見通しを得るのに、三週間先の自分を描いてみようという提案も同様だった。要するに、彼女はあまりに激しいパニックに襲われていたわけである。彼女の言葉を引用すれば、「あなたが手を尽くして考えてくれているのはありがたいんです。でも、それでも今あるこの状態は治まらなくて、この胸の重苦しさには、それはかすりさえしないの」という状況だった。

つまり、あれこれの私のアイデアは、まるで役に立たなかったことになる。しかしここで、両者の関係という観点から会話を振り返ってみたい。まず最初は、私が自分の休暇について彼女に話した点である。そうすることで、彼女に関わっていこうとする私の気持ちを表そうとした。私が実際に言ったのは、このことは一緒にやって行こう、だった。彼女のどんな不安からも引き下がってはいない。私は、引き続き、死をめぐる彼女の気持ちについてやりとりをした。私自身にも不安があることは意識していた。それで、私は彼女にこう言った。われわれは、お互いこの不安の中にいて、あなたも私も、誰だって、その不安から離れることなどできないのだと。

二番目は、私が休暇の連絡先を教えたその背後には、明示されてはいないが強いメッセージが含まれていたことである。それは、「あなたがどんなにひどい恐怖に取り憑かれても、私は決してあなたから離れていったり、私のほうからあきらめたりはしない」、というものである。ベルイマンの『叫びとささやき』の中で家政婦のアンナがしたように、彼女を支え、共にいようとし続けた。

私にはアリスに全面的に関わっている感覚があったが、私が彼女の恐怖の入れ物として機能(contain)[訳注3]し、それが自分に感染しないようにした。私のほうから彼女の恐怖心に触れる際には、彼女からも話ができるよう、穏やかで自然な、普通の話し方を心がけた。彼女は、次の日のメールでも、私が冷淡で、共感してくれなかったと文句を言ってきた。しかし、私の冷静さが保たれたことで彼女は落ち着き、怖れを和らげる助けになったのも確かである。

ここから得られる教訓は、関係を創り出すことこそ重要であるという、至ってシンプルなものである。家族であれ、友人であれ、あるいはセラピストであっても、ためらうことなくこれがよいと思えるやり方で接してみる。心を開いて話してみる。場面に合わせてやってみる。困っている人が落ち着くよう、抱える。そうすることが大切なのである。

二〇年ほど前のこと、死に近いある患者に別れの挨拶をしたら、彼女は、自分のベッドに並んで寝てくれるように頼んできた。私はそのようにした。それによって安心の提供ができたと思っている。死に直面している人（ないしは、肉体的には健康だが死をめぐってパニックになっている人）に、他者が提供できる最高のものは、そこにいること、である。

自己開示

第七章で取り上げることにしているセラピストの訓練のテーマは、その大部分が、クライエントとの関係を創り出すことの重要さを巡るものになるはずである。私の意見では、それらのうちで最も大

訳注3　Bion, W. R. の魅力ある概念。

事な訓練は、セラピストとして相手に向かい合う態度、および、自分自身の率直さを介して、セラピスト＝クライエントの関係を創り出す能力、この二つを涵養することに注がれるべきだと考える。

というのは、セラピストの多くは、自らを表現しないことと、中立性の二つが重要だと教えられ、訓練される。しかし、関係を創り出すという点のみから見ると、友達同士のほうが互いに自分たちを表現し合っており、こちらのほうが面接関係よりもはるかに有利になってしまうからである。

親密な関係では、一方が自らの気持ちや考えを表に出せば出すほど、もう一方は自分自身を表現しやすくなる。自己開示は、親密さの増大に決定的な役割を果たす。一般に、人間関係は相互的な自己表出によって築かれていく。一方が思い切って自分のことを持ち出す。これはちょっと危険なのだが、もう一方が同じようなもので応じるなら、互いの距離は縮まる。彼らは一緒になって、自己表出の螺旋を描きながら関係を深めていく。

しかし、その人が相手からの応答が得られなくて、危なっかしいまま宙ぶらりんになっているとしたら、二人の友情はしばしば混迷に陥るだろう。

人が自分に正直になり、自らを十分に引き受けられるほど、友情はより深く、また持続できるものになる。そうした親密さのあるところには、言葉や安らぎの気分や先述したアイデアのどれもが、さらにすばらしい価値を持つようになる。

友達とは、自分たちもまた死の恐怖を抱いていることを、互いに（そして自らにも）思い出させる存在のことである。たとえば、アリスとの会話で、死が不可避であることを話す時には、私自身のことも含んだものだった。こうした自己開示では、危険度は高くはない。暗黙裡のことを単にはっきり言うだけだからである。つまりは、われわれ人間は「自分は、もうそこにいない」と思うと、その考えに脅かされてしまう生き物なのである。われわれは、自分を宇宙の無限の広がりに照らしてみる時、自分の極小と存在の無意味さに直面する（ときに、畏怖〈トレメンディウム〉の体験に比定されることもある）。われわれ一人一人は、巨大な宇宙の中の小さな塵、砂の一粒にすぎない。パスカルは、「無限の宇宙の永遠の沈黙に私は怯える」と言った。

死に直面した時に人が親密さを求める気持ちとは、アンナ・ディーヴァー・スミスの最近作の劇『レッツ・ミー・ダウン・イージィ』の中で、心が張り裂けそうなほどのもの、と描かれている。登場するのは、エイズにかかったアフリカの子どもたちを世話する女性である。彼女のシェルターでは、手の施しようのないまま、子どもたちが次々と死んでいく。彼女は、そうした子どもたちの恐怖を和らげるのに何をしているか尋ねられ、こう、答える。「子どもたちを暗闇の中で一人では死なせません。彼らに、こう言うのです。『あなたと私は、私の心の中でいつも一緒だからね』」と。

たとえ、心を開くことを何重にも封じ、深い友情を避けてきた人であっても、死をめぐる思考は覚醒をもたらす体験になることがある。それは親密さを求める願望と、それを実現しようとする気持ちに転換をさせる触媒になりうる。死へ向かう患者に関わることを仕事としている人たちが経験するのは、それまで他者と距離を取っていた人たちが、突如、そして驚くほど深いかかわりを受け入れるようになる姿である。

波及作用が働くとき

前の章でも述べたが、波及作用とは、個人の内なる世界でのことではなく、世代から世代へと波及していく価値と行動こそが、自らの死すべき運命に不安を覚える人には大きな支えになる、と考えることである。

死の孤独を和らげる

『エブリマン Everyman』は、中世の道徳劇で、人が死に直面した時の孤独感をテーマにしているが、視点を変えれば、波及作用の慰撫する力を表現したものとも読める。教会の会衆の前で上演されるこの劇は、大衆娯楽でもあった。物語はエブリマンという人物を主人公にした寓話で、死の天使が訪れ、彼は最後の旅の時が来たことを知る。

エブリマンが死ぬのを伸ばしてくれるよう、乞う。「それはできない」。死の天使が答える。すると、彼はもう一つ別の願いを言う。「この、ひどく寂しい旅を共にしてくれる人を頼めないでしょうか?」。天使は冷たく笑い、答える。「いいとも、そんな人が見つかるのならね」

劇の残りの部分は、その旅を共にしてくれる人を探すエブリマンの、あれこれのお話である。彼はどの友人、知り合いからも断られてしまう。たとえば、いとこの女性は、足先にケイレンが起きるので無理だと言う。彼は寓話的な人物(財産、美、力、知)にまで断られてしまう。結局、彼はあきらめ、寂しい一人旅のつもりでいたところ、善行（Good Deeds）という名の相棒を見つける。この男は、どうやら自分が死ぬ時にも、一緒に、しかも喜んでいてくれるらしい。

エブリマンは自分につき添ってくれる仲間、善行を発見した。それこそこの道徳劇が伝えようとするキリスト教的モラルである。そのメッセージは、人があの世に持って行けるのは、この世で得たものではなく、これまで他者に与えたものだ、というものである。この劇を宗教抜きで理解するとすれば、人の良き行いを実行に移すこと、また、その人の後を生き続ける人たちに自らの良き影響が及ぶこと、つまり、波及作用こそ、最後の旅での痛みと孤独を和らげるもの、ということになる。

感謝を届ける

親密な関係があって、自分がどんなふうに相手の役に立ってきたかがわかるようなところでは、他の有効なアイデアと同様、この波及作用は、さらに力を発揮するようだ。

友人同士では、相手がしてくれたり言ってくれたことに、ありがとうを言うだろう。しかし、感謝を言うことだけが大事なのではない。真に意味のあるメッセージは、「あなたの一部が私の一部になりました。そのことが私を変え、私を満たしてくれます。だから、私も同じことをほかの人にもします」ということである。

人がこの世で良き影響を多々及ぼしてきたことへの感謝が表明されるのは、通常、その人が生きている間にではなく、死後の称揚によってであり、それがあまりにも多すぎるようだ。葬儀の際に、死者が、じつはその場に生きていて、称揚と感謝の言葉が繰り返し述べられるのを聴いていてくれていたら。人は何度そう願ってきたことだろう。参列者からもそういう声が聞かれる。どれほどの人たちが、自分の葬儀の時に『クリスマス・キャロル』のスクルージのようにできたら、皆が自分のことをどう言っているかをこっそり聴けたらと思ったことだろうか。私もそうだ。

波及作用についての、この「(機会が)あまりに少なく、遅すぎる」問題の一つの解決法は、「ありがとう訪問」である。これはその人が存命のうちに波及作用を増幅する、とてもよい方法である。私がこの方法に最初に出会ったのは、マーチン・セリグマンのワークショップで、彼はポジティヴ心理学の推進者としてよく知られている。私が憶えている限りでは、彼はたくさんの参加者に向かってこんなふうに言った。

「まだ存命の人で、あなたはその人にとても感謝しているんだけれど、まだ何も伝えていない、その人のことを思い浮かべてみてください。その人に、今から一〇分間で感謝の手紙を書いて、近くにいる誰かとペアになり、お互いに自分の手紙を相手に読みあげてください。このワークの仕上げは、あなたが近いうちにその方を訪問して、その手紙を恥ずかしがらずに読み上げることです」と。

セッションでは、手紙を互いに読み合った後、皆の前で手紙を読み上げる人たちが、参加者の中から選ばれた。読んでいる人は例外なく気持ちが昂ぶり、言葉を詰まらせていた。私はというと、こうしたセッションでは皆同じような気持ちの表出になると学んだ。このワークの場で深い気持の波に呑まれずに読み終えた人は、ほとんどいなかった。

私も、この時にデイヴィッド・ハンバーグに手紙を書いた。この人物は、私がスタンフォード大学の教員だった最初の一〇年間、精神医学教室の主任で、皆の意欲を引き出すのに長けた人だった。私が次にニューヨークに行った折に、当時、そこに住んでいた彼を訪ねた。それは、われわれ二人にとって、とても感動的な夕刻だった。私は感謝の気持ちを十分伝えられたと感じ、彼もそのことを確かにわかってくれた。彼は私の手紙を読んで、とても嬉しいと言ってくれた。

私も年を重ね、波及作用のことをますます考えるようになった。私は家長ゆえに、家族がレストランで食事をする時には、必ず勘定書を手にする。四人の子どもたちは、一寸だけためらってから、いつも丁寧にその礼を述べる。この時、私は彼らに必ず、こう言う。「君たちのおじいさん、ベン・ヤーロムに感謝を。私は彼の雅量の真似をしているにすぎん。彼は必ず私の分の支払いもしてくれたからね」（だから、当時、私もそのことを当たり前とは思っていなかった）。

モデリングと波及作用

癌の終末期ケアの一つとして始めたグループ・セッションの最初期の頃、参加メンバー間に、あっという間に意気消沈の気分が広がるのを、何度も見てきた。自分は絶望の淵に立ち、毎日毎日、死の足音が近づいて来るのを聞きながらすごした、人生が空虚になってしまった、何の意味もなくなったと嘆く、そんな人たちが多々いる。

そんなある日、一人のメンバーがグループ・セッションの初めに、こう宣言した。「自分には、まだ提供できる最後のものが残っているとわかった。それは自分の死に方というサンプルだ。私の子どもたちや友人に、死に直面しても勇気と威厳をもって臨むという、一つのモデルを提示できる」と。

それを言ったことは彼女の気持ちを高揚させた。そして、それは私にもグループのほかのメンバーの心にも響いた。彼女は、最後の最後になって、自分の人生に意味を与える道を見出したのである。

波及作用という現象は、癌のグループ・メンバーが訓練生のオブザーバー（観察者）に向ける態度にもはっきり顕われる。グループ療法の訓練のために、経験のある臨床家がグループをリードする様子を見せることが生きた教育になる。そこで、通常の場合には、ワンサイド・ミラーから、時にはTVモニター画面も使って、彼らにグループを観察させてきた。なぜかというと、グループ・セッションを訓練の一環に使おうとして、観察者を参加させたいと了解を求めても、通常のメンバーは、こうした人物の存在に不満を言うのが通常で、時には侵入だと言って、あからさまに不快を示すからである。

ただ、癌患者の私のグループでは、そうなることはまずなく、皆は彼らを歓迎する。というのは、メンバーは死に直面し、その結果、自らのうちに賢明さを育て、訓練生たちに伝えるべきことが多々あると感じており、また、以前にも書いたことだが、彼らは自分たちがいかに生きるべきかを学ぶ機会を先送りしすぎたとの後悔もあるからである。

自らの中の叡知を発見する

ソクラテスによれば、最も優れた教師とは、そして私からすると友達も――その学生が本来持っている叡知を自分で掘り当てられるよう、質問を投げかける人であるという。友達とはそうする人のことであり、臨床家もそのようにする。以下の文では、われわれみんなに役立つ、わかりやすい工夫を述べてみたい。

われわれが死の途上にあるのなら、なぜ、どのように生きるべきか――ジル――

人は繰り返し問う。もしもすべてが消滅する運命にあるのなら、生きる意味は何だろうか、と。この答えを、多くの人は自分の外に探そうとする。が、そうするのではなく、ソクラテスに従って、その視線を自らのうちに向けてみるのがいいだろう。

ジルは長い間、死の不安にとらわれていて、死と無意味さとを、いつも同列に扱っていた。私がこうした考えの由縁を訊ねたところ、彼女はそれが最初に表れた時のことを鮮明に覚えていた。彼女は眼を閉じたまま、そのシーンを描き出してくれた。彼女は九歳で、玄関の車寄せに置かれた揺り椅子に座っていた。飼っていた犬が死んでしまい、悲しみでいっぱいだった。

彼女は、こう言った。「その時に、わかったんです！　私たちは皆、死ななければならない。だとしたら、ピアノのお稽古も、ベッド・メイキングが上手にできることも、皆勤賞の金シールも、何もかも意味ないじゃない。金シールが全部消えてしまうんだったら、それって何なわけ？って」

私は、こう言った。「ジル、あなたには、今も九歳の女の子がいて、その子が、こんなふうに訊いてみるのを想像してみてくれないかな。もしもね、私たちがいずれ死ぬんだったら、どんなふうに、そして、何のために生きたらいいの、って。あなたがそれに答えるとしたら、どんなふうになる？」

彼女は即座に、こう答えた。「私なら、彼女に、生きている喜びがいかにたくさんあるか、森の美しさ、友人や家族と一緒にいる楽しみ、それから、ほかの人に愛を届け、この世界をよりよい場所として残す喜び、そんなことを伝えてみたいな」

彼女はそう言ったあと、椅子に身を預け、そして眼を丸くしながら、「これって、どこから出てきたわけ？」と言わんばかりに、自分の言葉に驚いていた。

「すばらしい答えだよ、ジル。あなたの中にはそんなすごい叡知があったんだね。あなたは人生について自分の娘に教える場面を想像していたら、こんな見事な真実に到達してしまった。これはたぶん、あなたにとって初めてのことなんじゃないと思う。となると、今度はあなたが自分の母親になればいいんだよ」

ここから導かれるのは、こちらから答えを出すよりは、その人が答えを発見できるよう、手助けすることのほうが大事だ、ということである。

同じことが、ジュリアとの面接にも当てはまる。彼女は画家で、セラピストでもある。死の不安のために、自分のことが十分にとらえられず、どの作品も仕上げられないまま、夫とのお金を稼ぐ競争に嵌り込んでいた。彼女の不安はそこからきていた（第三章を参照）。彼女とのセッションでも同じ戦略を導入してみた。つまり、彼女に、自分と同じようになってしまうクライエントがいるとしたら、どう応答するか考えてみてと尋ね、もう少し広い見通しを得ることを目指した。

彼女はすぐさま、こう言った。「そうね、〝あなたは馬鹿げた人生を生きているんじゃない？〟って言うかな」。つまり、彼女の叡智を引き出すには最小限のリードでよかったことになる。たいていのセラピストは、そのクライエントが自ら発見した真実は、他者から与えられたものよりもはるかに大きな力を持つ、という考えを基に、クライエントと接している。

人生を充足させる

ジュリアもそうだったが、多くの人の場合、自分の力が発揮されないと感じたままだと、やがて失望が訪れ、これが死の不安に火を点けることになる。自分の夢が潰えてしまったとき、人にはさらに大きな絶望がやってくる。この深い失望こそ、死の不安を超える時の出発点となる。ジャックの場合は、その好例である。

生きられなかった人生と死の不安――ジャック――

ジャックは、長身、身なりの良い六〇代の弁護士で、仕事にも差しつかえるほどの症状に疲れ果て、私のところへやってきた。彼は抑揚のない、気の乗らない話し方で、死についての強迫的な考えがずーっとあること、睡眠がとれず、仕事の効率が格段に悪くなり、そのせいで収入も激減してしまったことを語った。彼は、保険会社のデータを見たり、自分の人生に残された月日はどれくらいか計算することに強迫的に没頭し、それに何時間も浪費していた。週に二、三回は悪夢で目が覚めていた。

彼はもはや、自分の仕事の大部分を占める遺言書の作成や財産管理もできなくなり、収入が減っていた。というのも、彼はいったん自らの遺言書と死のことにとらわれ始めると、そこから抜けられなくなってパニックが来そうになると、そのたびに、依頼者との面談を中断せざるを得なかったからである。また、面談相手の前で、「先に亡くなる」とか、「遺贈する」、「残された配偶者」、「死亡保障」といった言葉に怯え、つっかえたり、言葉が出なくなって、自縄自縛に陥っていた。

私との最初のセッションでは、彼は距離をとり、身構えているようだった。私は、彼との間が縮まり、彼も安心できるよう、この本で紹介したような方法をいろいろとやってみた。しかし、まったくうまくいかなかった。ふと、奇妙なことに気がついた。彼がその日に語った三つの夢には、いずれもタバコが登場していた。ある夢では、彼はたばこをポイ捨てしながら地下街を歩いていた。が、この二五年、彼はたばこを吸っていないとのことだった。私がタバコについての連想を求めたところ、特に何もないようだったが、三回目のセッションの終わりになって、声を震わせながら、六〇代の妻が結婚以来このかた、一日も欠かさずマリワナを吸っていると明かしてくれた。彼は頭を抱えて黙り込んだ。そして、彼の腕時計の針が五〇分を大幅に過ぎているのに気づき、別れの挨拶をする間もなく、慌てて出て行った。

次の回、彼はあまりにも恥ずかしいことなんだがと、話し始めた。自分は高等教育を受け、知的階層にいて、敬意を払われる職業にあるのに、妻のほうは、マリワナ依存が悪化の一途をたどり、服装もどんどんひどくなって、人前にはとても出られないほどになってしまった。そんな状態で四〇年も一緒にいるなんて、自分の馬鹿さ加減が情けないのだ、と。

ジャックは、セッションの初めは平静ではなかったが、終わりの頃には、肩の荷が降りたように見えた。彼はこの秘密を、これまで誰にも明かさず、そうしている自分もほとんど認めない、といった方法で凌いできた。

その後のセッションで、彼は、自分はこんなところだと諦め、この悪化した関係を我慢してきたこと、また、結婚以来、自分には収拾不能なほど事態が拡散してしまったと語った。彼のこの恥の感覚や伏せておきたい気持ちが、ほかに社会関係を拡げる道を塞いでしまっていた。子どもを持たないことも決めた。自分の妻は妊娠してもマリワナをやめられないし、子どもの親役割も引き受けられそうにない。そう思ったからである。彼女とのこうした関係を続けるのは馬鹿げている。人にはそう思われそうだったので、誰にも言わず、自分の姉にさえ話していなかった。

そして、六〇歳を超えた今となっては、自分は妻と別れるには年をとりすぎ、孤立しすぎた。そう、思っていた。彼が私にきっぱり言ったのは、この結婚という形を終わりにすることや、そこへ追い込むような話には絶対にしないでほしい、ということだった。妻にマリワナ依存があったとしても、彼は心底、妻を愛しており、彼女を必要とし、結婚の誓いを守ろうとしていた。彼は、妻もこの自分なしでは生きていけないことを知っていた。

私には、彼の死の不安は、幸福や充足することへの願いが封じ込められ、ほんの一部分でしか生きていない、といった事態からもたらされているように見えた。彼の恐怖や悪夢は、時が過ぎ去り、人生が逃げていくと感じているところからやってきていた。

とりわけ彼の孤立が、私の胸を打った。妻のことを伏せておく必要から、彼女とトラブルがあった人か、アンビヴァレントな関係にある人だけが、まわりに残ってしまった。私はまず、彼にとっての親密さについて、ここでのわれわれの関係から話題にした。私はあなたがバカなことをしているとは思っていないこと、あなたがこの私とたくさんのことを共有しようと乗り気になってくれたことを光栄に感じていること、さらには、状態が悪くなる一方の配偶者とともに生きる彼の倫理的苦境に共感を覚えることを伝えた。

この後、わずか二、三セッションで、彼の死の不安は目覚ましく減少した。じつは他にもあった気がかりが、死の不安に移し替えられていたのだった。それは、妻との関係の取り方や、他者と親密さを分かち合うのを妨害している彼の恥の感覚である。われわれは、彼がこれまでに友情を育てるのを妨げていた秘密条項を外すにはどんな手順があるかを集中して話し合った。私はある治療的グループはどうかと持ちかけたが、それは彼にはあまりに怖ろしいものと感じられたようで、妻との関係を壊しそうな危険な臭いのする心理療法はすべて却下、だった。代わりに彼が挙げたのは二人の人物、彼の姉と、元親友の男性で、この二人とは自分の秘密を共有してもよいということだった。

そこで私は、自らを充足させるというテーマを持ち込んでみた。たとえば、彼の中で未だ表には顕われていない隠れた部分はどこか、彼の白昼夢はどんなものだったか、子どもの頃に大人になったらどんなことをしていると想像していたのか、これまでにやってきたことの中で自分を一番満足させたのは何か、などである。

次の回に、彼は「落書き」でいっぱいの、分厚いバインダーを抱えてやってきた。それは多くは死をテーマにした詩で、数十年分あり、その大部分は悪夢で目が覚めた時の朝四時に書かれていた。私は彼にその中のいくつかを朗唱してもらえないかと尋ねた。すると彼は、自分の気に入っているもの三つを選びだし、朗誦した。

「すばらしい！　絶望をこんなに見事なものに転じさせることができるなんて！」。私は、そう言った。その後、一二回のセッションが終わった後、彼は、目標は達成されましたと言った。死の恐怖は大きく減少、悪夢はちょっとした苛立ちや不満に関わる夢に形を変えたとのことだった。彼はセラピストの私に自らを表現し、それによって、他者を信頼する勇気を得た。また、姉や旧友とも親密な関係を取り戻したのである。三カ月後のEメールで、彼は、今は元気でやっていて、オンラインの文章制作のセミナーに参加したり、地域の詩の創作グループに入っていると連絡してきた。

彼との面接で私が示せたのは、息苦しい生活がいかに死の恐怖を引き出すか、ということである。彼が恐怖の只中にいたのは当然のことだった。つまり、彼は人生を自分のものとして生きてこなかったがゆえに、あまりにも死を怖れていた。幾多の芸術家や文学者が、こうしたときに味わう気分をさまざまに表現してきた。ニーチェの「ちょうどいい時に死ね」から、アメリカの詩人、ホイッティア(John Greenleaf Whittier)の「口やペンの先に乗せられた悲しい言葉の中で、最も悲しい表現は、『○○だったらよかったのに』というものである」にまで広がっている。

彼とのことで私がしたもう一つは、彼の中の詩人の才能から、親密な他者とのつながりへの渇望にまでわたる忘れられた領域を、彼自らが探し出し、そこに生気を吹き込めるよう手を貸し、あれこれ試みることだった。本来、セラピストならば、クライエントを励ましたり、何かよさそうなことを勧めたり、示唆を与えたりするのではなく、彼らが自分の障害となっているものを自らの手で取り除き、自分自身を活性化するよう手助けしてみることのほうがはるかによい、と知っているはずである。

私は、彼に、まだまだ他者とつながっていく余地があると説得するのはやめて、親密な友を求める自分の気持ちの邪魔をしているのは、じつは、「ほかの人はこの自分をバカなやつと思っているに違いない」と信じ込み、自分を恥じ入っているところから来ている、という点に焦点を当てた。それによって彼の孤立感を減じようとしたわけである。もちろん、彼が私との親密な関係を創ったことが飛躍の第一歩として大きかったことは確かだ。孤立は、ひとたび共有されると、それは孤立ではなくなる。

後悔の役割

後悔という語は悪しき意味を背負わされてきた。この語には、取り返しのつかないことへの悲嘆という意味が含まれるが、一方で、これから何かを創っていくという意味でも使いうる。事実、私も含め人が自己実現のことを考えてみる時の手段として、この後悔という方法は――何かを創造するにしても回避するにしても――最も有効なものである。

もし、この後悔することが適切に使われたなら、その後悔がさらに積み上げられていくことは避けられるだろう。人は過去を振り返っても、先のことに眼をやることによっても、後悔のことを考えてみることができる。人が自分の過去に目を向けるとしたら、自分を満たしてこなかったことの全部を悔やむことになるだろう。また、もし未来に目を向けるなら、後悔をさらに積み上げるか、あるいはそれらから相対に自由になるかのどちらかになるだろう。

私は、しばしば自分自身やクライエントに対して、一年先、五年先を想像してみて、その間にやってくるだろうあれこれの後悔に思いを巡らせてみることを勧めている。そして、実際のセッションの中でも、こんなふうに尋ねてみる。「新たな後悔を創り出すことなどなしに、人は今を生きられるのだろうか？　自分の人生のどこを変えねばならないのだろうか？」と。

目覚め、それを生きる

人は誰もどこかで――ある人は青年時代に、ある人は晩年に――いつかは死ぬと気づくだろう。そのきっかけはあちこちにある。鏡に映る顔の頬の弛み、白髪が増えたこと、猫背になっているのに気づいた時。毎度の誕生日、とりわけ五〇、六〇、七〇という区切りの時。長らく顔を見てなかった友人に会い、あまりに老けていることにショックを受けた時。古い写真の中に子どもの頃の自分や、今はもういない人の姿を見た時。夢の中で死神に会ってしまった時。

そんな体験をしてしまった時、人は何を思い、そしてそれをどうするのだろうか？　その不安を消し去り、そこから逃れるために、何かに没頭するのだろうか？　美容外科手術で皺を取り、あるいは髪を染め、あと数年は三九歳でいくことにするか、それとも、一瞬で気持ちを切り替えて仕事や日々の生活に戻って気を紛らすか。それとも、そんな体験は全部忘れるか。夢のことは無視するか。

私は、多くの人たちに気を紛らすことなく、目覚め、それを味わうことを薦めている。若い頃の自分の写真に見入るよう、立ちどまって、その苦い一瞬を自分の身に引き受け、少しだけ留めておくよう、つまり、その苦味も、その甘みも味わうように、と。

死に目覚め、その自覚を持ち、それが投げる影を生きること。それがもたらす価値を覚えておいてもらいたい。この覚醒によって、人は暗闇と人生の煌めきとを同居させ、それを持ち続けることで、人生を押し広げることも可能になる。それは、**価値ある人生への道、他者の気持ちに寄り添う道、それゆえどんなものも最大の深さをもって愛する道であり、どんな経験もやがては失われるのだと知ることである。**

私は、クライエントがその人生のいよいよ最後になって、根本的な変化を遂げるのを、驚き喜びつつ何度も見てきた。そのことに遅すぎることはないし、年を取りすぎている、ということもない。

第六章　死に目覚める――私の場合

というのも、人生の終わりが見えてくるほど、弧を描きながら、私はどんどん出発点に戻って行く。その道筋はある種、穏やかで、また、あたかも予定されていたかのようだ。（略）そして今、長らく記憶の底に沈んでいた（略）あれこれが蘇ってくると、私の心は感激に震える。

チャールズ・ディケンズ『二都物語』第三巻第九章

かつて、ニーチェはこう言った。もし、あなたがその哲学者の思想を理解したいのなら、彼の自伝を読むがよい、と。精神科医についても、これは同じである。よく知られていることだが、量子力学から経済学、心理学、社会学の広い範囲にわたる研究の結果からわかったことは、当然ながら、観察者のバイアスによって、何が観察されるかが左右される、ということである。私はここまでクライエントの人生と思考について、自分の観察を書いてきた。ここからは立場を入れ替え、死に関する私自身が持つさまざまな考え――それがどこからきたのか、そして、どんなふうに私の人生に影響してきたか――を明らかにしてみたい。

死に直面する

自分が憶えている限り、私が最初に死を目にしたのは五歳か六歳の頃で、当時、父が開いていた雑貨屋で飼っていた雌の猫ストリッピィが車に轢かれ、死んでしまった時である。舗道に横たわり、口からは血が一筋、流れていた。私はハンバーガーを小さく千切って、口先に置いてやった。が、何の反応もなく、もう死にかけていた。思い出すのは、自分がこれ以上、何もしてやれず、ただ茫然としていたことである。もしもほかの生き物たちも全部死ぬのなら、自分も死ぬはずだ、とでも思ったのだろうか。ただ、どんな結論にたどり着いたかは、はっきり思い出せない。けれど今でも、この猫の死の細部が異様に鮮明に浮かんでくる。

私が最初に人の死に出会ったのは、小学校の二年か三年の時、L.C.という名のクラスの仲間の死だった。私には彼がどんな名前だったか思い出せず、このイニシャルだけを覚えている。親友だったのか、一緒に遊んだのかさえ、はっきりしない。残っているのは、わずかだが鮮明に輝く記憶である。彼は先天性の色素欠乏で、赤い眼をしていた。彼の母親は、彼にピクルスのスライスを挟んだサンドイッチの弁当を持たせていた。そんな弁当は見たこともなかったから、当時の私にはそれがとても奇妙だった。

ある時から、彼は学校に来なくなり、一週間ほどして先生が皆に、彼は亡くなったと告げた。他には何の説明もなかった。以後、彼のことを誰も言わなくなった。彼は、船のデッキから暗い海に水葬される遺体のように、音もなく静かに消えていった。だが、彼のことは私の中に鮮やかに残っている。七〇年近く経つのに、手を伸ばせば、彼のヤギの毛みたいに硬くて白いゴワゴワの髪を、指で梳くことができるかのようだ。まるで昨日会ったかのように彼の姿がクッキリ浮かび、白い皮膚、編み上げ靴、そしてとりわけ、何かに驚いたような大きな眼が蘇ってくる。たぶん、それらはどれも、あとから創り出したもの、つまり、彼がそんなにも早く〈死神〉に遭遇してしまい、どれほど驚いてるだろうと私が想像した結果、もたらされたものだろう。

この〈死神〉という言葉は、私が青年時代から使ってきたもので、詩人カミングズの作品『バッファロウ・ビル Buffalo Bill』から借りている。以下のような条りから印象づけられてしまったからである。

バッファロウ・ビルは
死んでしまった
　　銀色に輝く牡馬で駆け
鳩の五・六羽だってたちまち飼いならす
野生と馴染むそんなステキな男だった
　　　　だから知りたいんだ
あんたはいったい、碧く澄んだ目の
　　この男の、どこが気に入ったんだい

L.C.が死んでしまった時、気持ちがひどく揺さぶられたのかどうかも、覚えていない。フロイトによれば、われわれは自分にとって不愉快な情動を記憶から脱落させる。これは私にも当てはまる。というのも、消されてしまった情動と鮮明な記憶との矛盾を説明してくれるからである。私が彼の死を知って、大きく気持ちを動かされただろうと推測するのは、無理のないところだ。L.C.のことはそんなに鮮明に覚えているのに、当時の級友のことは誰一人、記憶の断片さえもない。これは偶然ではない。となると、たぶん、私の中に彼のその鮮明なイメージだけが残っているのは、そのすべてが、この自分も、先生たちも、クラスの仲間も誰もが、やがてはL.C.のように消えていくという、足許が揺らぐほどの事実に気づいたことからもたらされたもの、ということになる。

カミングズのこの詩は、私の心の中に永久にその場を占めることになった。というのも、私の少年時代、この〈死神〉は私の知るもう一人の少年のところにもやってきたからである。アレン・マリノフは心臓に疾患があり、いつも病身の「青い目の少年」だった。細面の顔、メランコリックな表情、額に垂れてくると指先で掻き上げていた金髪、彼の虚弱な体にはあまりに不釣り合いな、使い潰された大きな学校カバン。彼の家に泊まることになった日の夕方、私は——そんなことになるとは思いもせず——彼の体のどこが悪いのか尋ねてみた。「アレン、君は体のどこが悪いの？　心臓に穴が空いているって、どういうこと？」。怖すぎる質問だったはずだし、まるで、太陽を見つめるに等しかった。

彼が、そのとき何と答えたのか覚えていない。自分が何を感じ、何を考えたのかも思い出せない。が、私の中で、重い家具を引き廻すときのような地響きの音を体全体に感じたことはたしかだ。これらは選択の結果、残った記憶だろう。アレンが死んだのは、彼が一五歳の時だった。私は、ほかの大勢の子たちとは違い、葬儀に出て死を目の前にすることはなかった。私の親たち（非キリスト教）の文化では、子どもはこうした行事からは外されていた。

しかし、私が九歳か一〇歳の頃、大事件が起きた。ある晩、電話が鳴り、それに出た父が大きな声で何かを叫んだ。その声に私は怯えた。私の叔父、父の兄弟のメイヤーさんが亡くなったのだ。私は、父の哀哭する姿がたまらず、家を飛び出して、近くをただ、ぐるぐると駆け廻った。

ふだんの父は物静かでやさしい人だったから、このあまりにも異様なコントロール喪失は、ものすごく大きく恐ろしげな怪物みたいなのが、そこに現れたのだとわかった。私より七つ上の姉は、そのとき家にいたはずなのに、このことは何も憶えておらず、私の記憶にはない別のことを、あれこれ覚えていた。これは、抑圧の力によるものである。その絶妙な選択の過程――人が何を記憶し、どこを忘れるかを決定する――は機械的で、その結果、われわれ一人一人が独自の世界を創り上げる際の構成要素となる。

その後、父は四六歳の時、血栓症で危うく死にかけている。それは深夜に起きた。一四歳だった私は怯え、母はというと半狂乱になって、自分をなんとか納得させる理由や、この運命の仕業は誰のせいかを探しまわり、私はその絶好の標的になった。彼女は――私が家での決まり事を無視し、まわりを見下していて、だから家を掻きまわした——こうなった責任は全部、お前にある、と宣告した。その夜、父が再び痛みで苦しみ始めた時、母は「あなたがお父さんを殺してしまうのよ！」と叫んだ。

一二年後、私は精神分析の訓練でカウチに横になり、この話をした。分析者のオリーブ・スミスは、この一件を聞くと、その時だけは優しい言葉をかけてくれた。彼女はコチコチの正統派フロイディアンで、「チッチッ」と舌打ちをするのが癖の人だった。私の話に、彼女は「それは恐ろしかったでしょうね、とても怖かったでしょう」と言った。分析で彼女が口にする解釈の言葉は、思慮深く稠密、配慮に満ちたものだったはずだが、何一つ覚えていない。が、この時、彼女が手を差し伸べくれたことを、五〇年あまり経った今も大事にしている。

あの晩、母と父と私は絶望的な気分で、医師のマンチェスターさんが来るのを待っていた。彼の車が道路の落ち葉を踏む音が聞こえた。私はすぐさま三段飛ばしで階段を駆け降り、ドアを開けた。いつもの大きく丸い笑顔が見え、私のパニックは収まった。彼は私の頭を手でグリグリし、母を元気づけてから、父に注射（たぶんモルヒネ）をし、聴診器を父の胸に当て、私に心臓の音を聞かせて、こう言った。「な、時計みたいに打ってるだろう。よくなっているからな」と。

あの夜は、私にとって、いろいろな意味で人生の転機になった。わけても、マンチェスターさんが家に来てくれたことが、言いようもないほどの安心になった。そのことがあって、私は彼のようになりたい、医師になって彼がしてくれたように、ほかの人に安らぎと安心を運びたいと心に決めた。

父はその後も生き延び、二〇年の後、私の家族全員がいる前で、突然、死を迎えた。私が妻とまだ小さかった三人の子どもを連れ、姉をワシントン市に訪ねた折のことだった。父と母も車で来ていた。父はリビングに座っている時、頭痛がすると言い出し、それから突然、人事不省に陥った。

私の義兄も（マンチェスターさんと同じ）医師だったが、気を失った。あとで聞くと、自分は三〇年やってきたが、こんな突然の死に立ち会ったのは初めてだったと言う。私はなんとか冷静を保ち、父の胸を打診した（心肺停止後の蘇生法、CPRはまだなかった）が、反応はなかった。義兄の医療カバンを探し、注射器を取り出して、父のシャツを裂き、心臓へアドレナリン注射をした。が、効果はなかった。

その後、私はそんな無用な処置をした自分を責めることになる。そのシーンが蘇るたびに、自分が受けた神経学の訓練からすると、問題は心臓ではなく脳だと見立てねばならなかったのにと、煩悶する。父の両眼が右に激しく転導しているのは目に入っていた。心臓を刺激をしても助かるはずがない、と判断すべきだったのだ。彼は右脳の広範囲な脳出血（あるいは血栓症）を起こしていた。両眼は発作のある方向に動くはずだから。

父の葬儀の時は、冷静な思考を保てなかった。柩にシャベルで一杯の土をかける段になると気を失いかけ、親戚の誰かが掴まえていなかったら、墓穴に落ちたんじゃないかと、あとでと言われた。

母は九三歳、十分に長生きした。彼女の葬儀の時、二つの忘れられない事件があった。

その一つは菓子を焼くことに関わる。葬儀の前の夜、私は急に、母が作ったあの見事なキッヘル（訳注：アシュケナージィ、東欧ユダヤ人由来のクッキー、イーディシュ語）を焼かねば、という気になった。そうすることで自分は気分の発散をしたかったのかもしれない。それに、キッヘルを母と焼いたのは楽しい思い出だったから、自分は母との何かがもう少しほしいのだろうかとも考えた。生地をこね、一晩寝かせ、早朝にそれを巻いて、シナモンとパイナップル、ジャム、レーズンを加え、焼いた。葬儀ののち、家族、友人が家に戻って来たところで、それを供しようとしたのである。

しかし、失敗だった！　こんなことは初めてだった、砂糖を入れるのを忘れたのだ！　たぶんこれは自分自身への象徴的なメッセージなのだろう。お前は母親の不機嫌に気をとられすぎる、という。それはあたかも、私の無意識が私に注意を喚起しているかのようである。「いいかい、お前は彼女の良いところを忘れてしまってるよ。家族の世話だよ。余計なことは言わず、ずーっと、ひたすら献身してくれたじゃないか」と。

二つ目は、葬儀が済んだ夜に見た夢である。もう一五年経つのに色褪せないどころか、今も鮮明に残っている。

母が金切り声で私の名を呼ぶのが聞こえた。私は子どもの時の家に慌てて戻り、玄関のドアを開けた。そこには私の拡大家族の全員（すでにみんな他界した人たちで、私の母はそのコミュニティの中で生き残った最後の一葉だった）が、並んで階段に腰掛け、こちらを向いていた。たくさんの懐かしい顔があり、叔母のミニィがちょうど真ん中にいた。彼女は飛び回るミツバチのように体を震わせ、顔を激しく振っていて、表情はわからない。

叔母のミニィは、母より数カ月前に亡くなっていた。彼女の死は、私を心底、怯えさせた。大きな発作で全身麻痺が起き、意識はあるのに体の筋肉はまったく動かせず、ただ、瞼だけがなんとか動いた(これは閉じ込め症候群として知られている)。彼女は、死ぬまでの二カ月間、こんな状態のままだった。

その彼女が夢に現れた——こちらを向き、真ん中にいて、狂ったように動いている。私が思うに、これは死に挑む夢である。叔母は階段にいる。ということは、麻痺はもうなくなっていたから目にもとまらぬ速さで体が動かせたことになる。そもそもこの夢全体が死を取り消すものである。母は死んでおらず、いつものように私を呼んでいる。それから、もう死んでしまった人たちなのに全員が階段に座り、笑って、まだ生きていると告げている。

私はこうも思う。ここには、「私を忘れないで」という、もう一つのメッセージがある。母は私の名前を呼び、「私のことを忘れないで。みんなのことも忘れないで。消さないで」と言った。だから私はそのようしている。

「私を忘れないで」というフレイズは、いつも私を感動させる。『ニーチェが泣くとき』(西村書店)という私の小説の中で、ニーチェが墓地をあちこち歩き、壊れた墓石を目にして、韻律崩れの詩を作る場面を描いた。それは次の数行で終わる。

石は聞くことも見ることもない
すすり泣きだけがかすかに聞こえる
「忘れないで私を。思い出して私を」

この詩はパッと閃いたもので、それが私の初めて創った詩として活字になると思うと、くすぐったかった。それから一年ほどして、私は奇妙なものを発見した。私の仕事場であるスタンフォード大学では、当時、精神医学教室が新しい建物に引っ越すことになった。その作業の最中、秘書がファイル・キャビネットの裏側から、丈夫なマニラ紙の、黄ばんだ大きな紙袋を見つけ出した。中を開けると、私が青年時代に書いた詩の束が詰まっていた。詩の中には、さきほどの数行と言葉までそっくり同じ詩句があった、当時、それを小説に仕上げるべく、新たに創作をしていたのだった。何十年も前、ちょうど、婚約者の父が亡くなった頃だった。私は、かつて書いた自分の作品を盗作していたわけである！　この章を書きながら、母のことを思い返していたら、不穏な夢を見た。

ある友人が私の家にやってきたので、一緒に庭を巡った後、書斎に案内した。すると部屋のパソコンがなくなっていた。たぶん盗まれたのだ。そればかりか、いつもは散らかり放題の机の上がキレイに片づけられ、何もなくなっていた。

悪夢だった。気分が動転し、目が覚めた。「落ち着け、落ち着け。おまえは何を怖がっているんだ」。自分にそう、言い聞かせた。夢の中でさえも、そんな恐怖は意味ないとはわかっていた。パソコン自体がなくなっても、バックアップは別にとってある。なにもうろたえることはないはずだ。

朝になり、昨夜の夢の恐怖がまだ尾を引いている最中に、電話が鳴った。姉からだった。彼女には、この父母にまつわる回想の最初の部分を送ってあった。姉はそれを読んで気持ちが乱れたと言い、そして、自分の記憶を話してくれた。その中には、私の記憶にはないものもあった。当時、母は臀部の手術をし、入院していた。姉と私は母のアパートにいて、病院に出す書類を作っていた。そこに病院から緊急の連絡があり、すぐに来てほしいとのことだった。二人で病院に飛んで行き、部屋に入ると、ベッドはすでに空だった。母は息を引き取ったあとで、遺体は運び出され、遺品も片づけられていた。

姉の話を聞いていて、自分の夢の意味がわかってきた。夢の中の恐怖がどこから来ているのかが見えてきたのだ。私が怯えたのは、パソコンがなくなったことにではなく、母のベッドのように、机が完全に片づけられていたことに対してだった。この夢は私への死の予告だった。

死との出会い

一四歳の時、私は間一髪の場面に遭遇した。私はワシントンDC、一七丁目のゴードン・ホテルで開かれたチェスのトーナメント大会に参加した。ゲームがすべて終わり、私はバス停の歩道の縁に立っていた。バスが来るまでと思い、自分のゲームの記録表を出して見ていたら、その一枚が車道の側にすべり落ちた。私は思わず身をかがめ、それを拾おうとした。その時、誰かが私の背中を押したのだ。そこへタクシーが猛スピードで突っ込んできて、私の鼻先スレスレをかすめて行った。私は心底、震え上がった。その後、この場面の映像が私の中で繰り返し蘇ってきた。今でもそれが浮かぶと、心臓がドキドキする。

数年前、私は腰に激しい痛みを感じ、整形外科で診てもらった。担当医とX線映像を一緒に見たが、彼は無神経にも画像の中の小さな斑点を指して、仲間内の事務的な口調で、これは転移した病巣と思われます、と言った。これは死の告知だった。彼はＭＲＩの指示も出したが、金曜日だったので三日間は検査できない。この重苦しい三日間の間に、死の意識が私の心の真ん中に居座った。なんとか気持ちを落ち着かせようとあらゆる手段を講じた。最も効果的だったのは――妙な具合だが――書き上げたばかりの自分の小説を読むことだった。

その小説、『ショーペンハウアー的治癒』の主人公ジュリアスは、宿痾の悪性メラノーマをかかえた老精神科医である。彼が死と折り合いをつけ、自分に残された時間を意味ある生き方にするまでの格闘について、多くの紙数を費やした。彼ジュリアスはニーチェの本、『ツァラトゥストラかく語りき』を読み、永劫回帰の思考実験に思いを致すことで、初めて救われた（なお、私がこの考えを面接の中でどんなふうに使っているかは、第四章参照）。

彼はニーチェの挑戦に考えをめぐらせた。ニーチェはこれまで生きてきた自分の人生を、何度も繰り返して生きたいと思ったのだろうか？　と。そして彼は理解した。そう、ニーチェは自分の人生を正しく生きてきた、そして……「すぐに〝閃いた〟。自分はこの最後の年に何をすべきか、どう過ごせばよいのか、わかったのである。これまで生きてきたように――つまり、その年の前の年、さらにその前の年のように生きられたら。彼は自分がセラピストであることが好きだった。他者とつながり、彼らに人生の何か大事なものがもたらされるよう、手助けすることが好きだった……たぶん彼は世間の賞賛や、自分が関わってきた人たちからの承認と感謝がほしかったのだ。たとえそうだったとして、しかもそれが底深くから湧いてくる欲望だったとしても、彼は自分の仕事が気に入っていたのだ。神に感謝！」

自分の書いた言葉を読んでいるうちに、私には自分が求めていた安らぎがもたらされた。**自分の人生を完遂せよ**。**自分の潜在可能性を使い切れ**。こうして私はニーチェの言葉をさらに踏み込んで理解した。私の造った人物ジュリアスが、私を導いてくれた――人生が小説を模倣するという、普通ではないが、力を与えてくれる、これはその例である

自分の潜在可能性を見出す

私は自分のことを通常以上の達成者、つまり数十年にわたってスタンフォード大学で精神医学の教授を務め、概して同僚や医学生たちからも多大な敬意をもって遇されてきた、そんな人間だと思っている。著作者としては、同時代の偉大な人たち、ロス、ベロウ、オツィック、マクイヴァン、バンヴィル、ミッチェルなど、畏敬をもって読んだ多くの人たちに、その詩的想像力は遠く及ばない。しかし、

与えられた才を形にはしてきたと思っている。

ただ、ストーリー・テラーとしてはかなりだとも思っている。フィクションとノンフクションの両方を書き、読者も相当数を得て、想像を上回る賛辞をもらってきた。

かつて、講演の日が近づいてきて、話すことをあれこれ考えているうちに、しばしばこんな想像をしたこともあった。講演の会場で、陰の実力者、たぶん老練の訓練分析家が席から立ち上がり、あなたの話は愚劣極まるものだと言い放つ、そんな図である。けれども、今はもう、そうした怖れを持つことはない。一つには、自分に確信が得られたこと、もう一つは、聴衆には私より年長の人がいなくなったことによる。

この何十年か、私は読者や医学生たちから認められてきた。私はそれを時には真に受け、目が眩んだりした。また、自分がいま書いていることで頭がいっぱいだと、賞賛をもらっても気持ちは上滑りするばかりだった。あるいは、現実の私にはとても到達し得ない叡智があると称揚されて仰天し、とても本気にはできないこともあった。人は誰でも、本当に賢明な人がどこかにいると信じたがっている。若い頃、私もそうした人物を探し、そして今、年長となって目立つ存在になり、そうした他者の期待に沿う入れ物になった。

誰しもにある、師と仰ぐ人を求める気持ちは、自分をはるかに超える存在、超絶的な存在を願うという、われわれの弱さや願望のなせるものだと思う。私も含め、人は自分の指導者を信奉するだけでなく、しばしば不必要なほどにその人を持ち上げてしまうようだ。数年前、さる精神科教授の記念行事の際に、私の元学生の一人がそうした場を演じるのに立ち会う羽目になった。彼の名をジェイムズとしよう。彼は現在、東海岸のある大学の主任教授になっている。私はこの両方をよく知っていて、ジェイムズが自分自身の新しいアイデアを、この亡き先生から戴いたものだと強調するのを聴いていた。

この日の夕刻、私が思ったことを彼に伝えたところ、彼は穏やかに笑いながら、こう言った。「ええ、でも、先生にはまだまだ、教えてもらっているんですよ」。彼は、あなたの言われるとおりだが、おっしゃるようなところから出たものかとなると、自分でもよくわからないとの返事だった。これにつけて思い出すのは、はるか昔の著作者たちも、自らの作品を自分の師が生み出したものだとしていて、そのために、現代の古典研究者が直面しているのは、多くの著作が実際に書いたのは誰かを決められない事態である。たとえば、トマス・アクィナスは、自分の考えのほとんどが尊敬する師、アリストテレスのものだとしている。

二〇〇五年、ダライ・ラマはスタンフォード大学での講演のあと、途方もない敬意を受けることになった。彼が口にしたことすべてが理想化された。彼の話が終わると、ものすごい数のスタンフォードの同僚たち――高名な教授、学部長、ノーベル賞学者――が彼の許へと押し寄せ、聖なるリボンで頭に触れてもらおうと、学校の生徒たちのように並んで彼の前で跪き、「法主さま、法主さま」と口々に名を呼んだ。

われわれの誰にも、偉大なる男性や女性を崇め、「法主さま」と心震える言葉を口にしてみたいという欲望がある。これはたぶん、エーリッヒ・フロムが『自由からの逃走』（創元社）の中で言った〝服従への欲望〟に当たり、宗教が生まれる素でもある。

　私の個人生活と職業に関しては、つまるところ、自分自身をフルに使いきり、潜在可能性を実現してきたと感じている。そのことには満足だけがあるのではない。それは生の一瞬を生きる感覚や、迫りくる死に抗する力にもなっている。実際、セラピストとしての私の仕事の相当な部分が、そうした護りという面を持ってきた。私は、自分がよくぞセラピストになったと思う。人が自分の人生へと開かれていくのに立ち会うことは、言いようもないほど満たされた気持ちになるからである。心理療法は、波及作用に対して**とりわけ優れた**機会を提供する。そう考えることで、どの面接でも、自分自身や自分が人生について学んだことをそこに投入可能になる。

（ただ、こうした考え方が、私たちの職業の中で、これからも正しいとされるのかは、なんとも言えない。私は、大学院で認知行動療法の訓練だけを受けた人たちと臨床現場で仕事をしてきた。彼らは、行動療法からの見立てだけで、相手と機械的にやっていくという自分の未来に希望を失っているようだ。そして、私もまた、個人を捨象した行動療法スタンスだけの訓練を受けた人たちは、自分自身に援助が必要になった時、どこに行くのだろうかと訝っている。彼らは、自分と同じ流派のところには行かない。それは請け合ってもよい）。

　集中的・持続的な心理療法という援助を他者に提供する際に、私が大切にしているのは、もっぱら対人的・実存的観点に立ち、無意識的なもの（ただ、「無意識」についての私の観点は、従来の精神分析のものとは大きく異なる）の存在を想定して行うことである。その生気を持続させ、他の人たちにも手渡したい。そうした大望がある。この望みゆえに、高齢になった私が面接や著述を続ける意味と勇気が与えられる。たとえ、バートランド・ラッセルが言ったように、「太陽系は、いつかは崩壊する」としても。私にはこれに論駁する力はない。ただ、こうした宇宙観はここでは、それほどかかわりをもたない。私からすると、人間の世界、人同士の結びつきの世界こそが重要なのである。自らに目覚めるという当事者感覚を持った人が自分以外には一人もいない、そんな空虚な世界なら、そこからサヨナラすることに、なんの悲しみも痛痒もない。波及作用という考え、つまり、一つの人生にとって大事だったことを別の人に伝えていくという考え方には、別の人の自己の目覚めへとつながっていく、という含意がある。これがあるから、波及作用には意味があると考える。

私の師とその死

三〇年ほど前、私は実存的心理療法のテキストを書き始めた。それを進めている間に、終末期にあり、死の差し迫った患者さんたちと、数年にわたって関わった。そこでの多くの人たちが、苦しみを通して思考を深化させ、私の教師として寄与してくれ、私の人生と仕事に、今も続く影響を与えてくれた。

彼らのほかにも、仰ぎ見るほどの師がいる。ジェローム・フランク、ジョン・ホワイトホーン、ロロ・メイの三人で、それぞれの死に近い頃に立ち会うことになった。それは、忘れられないものとなった。

ジェローム・フランク

彼は私がジョンズ・ホプキンス大学で教えを受けた先生であり、グループ・セラピーの開拓者、また、私をこの領域に導いてくれた人でもある。さらには、私の人生のすべての面で、個人としても知的存在としても完成されたモデルで、それは今も変わらない。分析家としての訓練を終えたあとも、私は依然として彼のそばを離れず、彼がボルチモアの高齢者住宅に移り、そこで次第に年取っていく間も、定期的に彼を訪問していた。

彼は九〇代に入ってから次第に認知症が進み、九五歳で亡くなる数カ月前、私が最後に訪問した時には、もう私の顔がわからなくなっていた。私は長時間、一緒にいて、彼との思い出や、彼が一緒に仕事をした同僚たちのことなどを話した。彼は次第にこの私が誰だかわかってきたようで、悲し気に首を振り、自分からは、もう何も思い出せないのだと詫びた。

「まったく申し訳ない。これは、もう自分でもコントロールできないいんだ。朝、起きるたびに僕の記憶の黒板は、奇麗に消されているんだ」。彼はそのことを説明しようとして、自分の顔の前で手を左右に振った。それは黒板の字を消す動作だった。

私は言った。「それは恐ろしいことなんでしょうね。私が憶えているのは、先生はご自身の記憶力が並外れていることに自負をお持ちだったことです」

「でも、そう恐ろしいものでもないよ。この病棟ではね、朝、患者とスタッフ全員とで朝食をとるんだが、彼らが毎朝、知らない人たちに見えるんだよ。ただ、時間が経って日中になると、知っている人の感じになってくるんだ。テレビを見たあと、まわりの誰かに頼んで、車椅子を窓のそばまで押して行ってもらい、そこから、いつも外を眺めるんだ。目に入るものはどれも楽しい。何を見ても、まるで初めて見るものに見える。目に入るもの、目を向けるもの、どれもが楽しい。これはそう悪くないよ」

彼は車椅子に座ったままで、私のほうをなんとか見上げようとして頭をそらしていた。これが彼の姿を目にした最後だった。彼は重度の認知症に苛まれていたが、それでも、人がすべてを失った時でさえ、生きていること自体を楽しむということは残る、ということを私に伝えようとしていた。

私は、この絶後の師が見せてくれた、いまわの際での雅量を、他にない宝としている。

ジョン・ホワイトホーン

彼は精神医学の世界に屹立する存在で、三〇年にわたってジョンズ・ホプキンス大学精神医学教室の主任を務め、私の教育・訓練の中心的な役割を担ってくれた人物である。動作はややぎこちないながら上品な人で、頭頂はツルツル、刈り揃えたグレイの髪が頭のまわりをグルッと裾広がりに取り巻いていた。金縁の眼鏡をかけ、年中、毎日着て来る茶色のスーツにも、そして顔にも、皺ひとつなかった(われわれ学生は、彼のクローゼットにはまったく同じスーツが二、三着はある、などと噂していた)。

彼は講義の時にも余分な仕草は一切せず、唇だけが動いていた。他の顔の部分、両手も頬も眉も、どう見ても動いていなかった。彼のことを「ジョン」と気安く呼ぶ人は、同僚にもいなかった。学生たちは皆、彼の催す年一回の堅苦しいカクテル・パーティに怯えていた。そこでは、小さいグラスにシェリー酒が一杯だけ供され、食べるものは一切なかった。

私が精神医学の訓練生になって三年目、上級生五人と私は、火曜の午後になると、毎週、先生を囲んで時を過ごすことになっていた。その前に、皆はオーク材で設えられた彼の立派なオフィスで昼食をいただいた。食べ物は簡素だったが、セッティングは南部風の上品なものだった。リネンのテーブルクロス、磨き上げられた銀のトレイ、そしてボーン・チャイナの皿や器。昼食の間の会話は長く、ゆっくりとしたものだった。どのメンバーも往診のオーダーや、自分を執拗に呼ぶ患者を抱え、帰りたい気持ちでいっぱいだった。が、誰も何も言えなかった。結局のところ、最も苛立っていた私でさえも、ゆっくりやることと、じっくり待つことを学習した。

この二時間あまりは、われわれが彼にいろいろと質問をする時間にもなった。私の場合は、パラノイアの生成過程、既遂・未遂の自殺の際の精神科医の責任、治療による変化と自然治癒は相容れないものか、といったことで質問した。彼はそれにはいつも充分に答えてくれたものの、彼の関心は明らかに別のところにあった。たとえばそれは、アレキサンダー大王の軍事戦略とか、ペルシア軍の弓術の正確さ、ゲティスバーグの戦いでの無視できない失策などだったが、わけても最大の関心は、彼が改編した元素の周期律表（彼はもともと化学者だった）についてだった。

昼食後、先生が四、五人の患者に問診する場面が見えるように、われわれはグルっと輪になって腰かけた。一人の問診がどれくらい続くのかは予測不可能だった。ある人は一五分、ある人は二、三時間だった。彼のペースはゆっくりで、時間をたっぷりかけた。患者の職業や趣味こそが彼の関心事だった。ある週は、彼は歴史学の教授に、スペイン無敵艦隊の敗北について踏み込んだ論議をさせたかと思えば、次の週は南アメリカのコーヒー栽培の農園主には、コーヒー原木のことを話してくれるように促し、話は結局、一時間に渡った。それはまるでコーヒー豆の質と標高との関連が自分にわかるようになることが最大の目的であるかのようだった。そして彼は、いつの間にかスーッと、話を患者自身のことに移す。すると、疑い深かったパラノイアの患者が、突然、打ち解け、自分自身のことや自分の精神病世界のことを話し始める。私はいつもそれに仰天させられていた。

彼は、患者が自分のことを話すよう求め、その病理にではなく「人」として関わっていた。彼の面接の進め方は、患者の自尊感情とともに、彼らが自分のことを表に出してみてもいいかなという気になるのを促進することにあり、それはいつも変わらなかった。

〝仕掛けの上手な〟面接、と言う人がいるかもしれない。だが、そうではない。彼にはそうした下心はなく、心から、患者に話してもらいたかったのである。彼は情報のコレクターでもあり、彼ふうに長年にわたって事実という珍品を膨大にコレクションしてきた。[訳注1]

彼は、こう言っていた。「もしも患者が、自分の生活や関心のありどころを教えてくれるような場面を君たちが創れたなら、患者も君たちも両方とも勝ちなんだよ。君たちは、単に教え導かれたというだけでなく、彼らの病いのことで必要なことの全部を知ったことにもなるからね」

彼は、私の教育・訓練にも、そして私の人生にも多大な影響を与えた。ずいぶんあとになってから、私がスタンフォード大学の教員に採用されるに当たって、私を強く推挙する彼の推薦状の存在が大きかったと知った。私がスタンフォードで仕事を始めて以降、彼の紹介で従弟に当たる人の面接を何回かしたが、それ以外は、彼との接触は何年もないままだった。

そして、ある日の朝早く、彼の娘さん（面識はなかった）から電話があり、彼が重度の脳卒中に襲われ、死の間際にいること、そして、この私に会いたいと強く望んでいる、とのことだった。私は茫然自失でこの話を聞いていた。急遽、飛行機でカリフォルニアからボルティモアに向かった。その間、「なんで、私なんだろう」、あれだろうかこれだろうかと考えあぐねたまま、病院に到着した。

彼には半身麻痺が起きていて、失語があり、発話がひどく困難になっていた。

私の知る限り、かつてこれほどくっきりした明快な口調で語る人は、そんなにはいなかった。その彼が今、涎を流し、言葉を発することにさえ難渋している。そこに立ち会う私のショックは、尋常なものではなかった。彼はなんとか言葉を探し、「み、みてくれ。ひ、ひどいことになったよ」と、口にした。私のほうも、周章狼狽の極みだった。あの巨大な存在が、廃人然となって横たわっているのを目の当たりにしたのだから。

しかし、その彼がなぜこの**私**に会おうとしたのか？　彼は二世代にわたって精神科医を訓練してきた。そのつもりになれば、屈指の大学の主要なポジションに、人はいくらでもいる。なぜ私なのだろう？　すぐに苛つき、自己猜疑心が強い、移民の貧乏雑貨屋の小倅のこの私を？　私が彼のために何かしたことってあるのだろうか？

私はこれといったことは何もできなかった。落ち着かない客さながらに、慰めの言葉さえ見つからないままオロオロしているうち、二五分もすると、彼は眠ってしまったので、彼の許を辞した。私が訪問した二日後に彼が亡くなったとの知らせが来た。

何年もの間、私は「なぜ、私なのか」という疑問を抱き続けていた。たぶん、私は亡くなった彼の息子の代わりだったのだろう。息子さんは第二次大戦中、バルジの戦い[訳注2]で戦死したと聞いている。

私は彼の退職祝賀の宴席を思い出す。それは私の教育訓練が終わる年でもあった。食事も終わりに近づき、お歴々による乾杯と懐旧談が済むと、彼は立ち上がり、悠揚迫らぬ風情で別れの言葉を述べ

訳注1　それらの珍品を見せられる側にとっては、先生のこのアクション全体が「こんな話をしたくなってしまう自分自身も含め、人やモノという存在自体も、その振る舞いも、そもそも珍妙であり、面白い。私はそうしたことすべてに限りなく関心がある」、というメッセージ（はっきりとは意識されていない）になっていると考えられる。珍品開示を間に挟んで、先生の関心はクライエントに向けられている。クライエントにはそれがわかる。このパターンは、訳者の経験では、特に男性同士の組み合わせの緊張感を下げ、疑惑の誘発を鎮静化させて、その場を話しやすいものにするようだ。

この先生の話が一段落した時点で、それまで上がっていた話す側の水位がスーッと下がっていく。それに誘われるように、自然な形で、クライエントの話が流れ込む。そんな図を想像したくなる。これは、〝不器用な〟先生が身につけた、相手に話してもらう形なのではないだろうか。

訳注2　ベルギー、ルクセンブルクを主戦場とした、ドイツ軍最後の反攻。一九四四年一二月から翌年の一月末までの四〇日あまりの戦闘で、連合軍の主力アメリカは、第二次大戦で最大となる約九万人（内、死者一万九千以上）、ドイツ側は七万から一二万五千人の死傷者・行方不明者を出した。

始めた。

「友人を見れば、その人がわかる。そう、聞いています。もしそうなら」、彼はここで言葉を切って、ゆっくりと会衆を見まわし、「自分はまことにすばらしいヤツに違いありません」。彼のこの考えを使って、私は自分で自分に、「もしも先生が私のことをいいヤツだと思ってくれているとしたら、私はほんとにすばらしいヤツに違いありません」と、何度かつぶやく機会があった。

ずっと後になって、死ぬということについて、もっと多くを学んでから、私は、ホワイトホーン先生が孤独の中に死んだのだと、ようやく確信するようになった。彼は近しく気持の通じる友人や家族に囲まれて亡くなったのではない。彼は私に連絡をとってきたが、その私は一〇年も会っていない元学生、私にしても親密と思えるような時間を一緒に過ごしたことはない。ということは、私との間で何か特別なことがあったからではなく、むしろ彼のまわりの人たちとの親密な結びつきに悲劇的な欠落があったからなのではないか。

思い返しては、彼にもう一度なりと会えていたらと、何度も悔やんだ。その気になって飛行機に乗り、大陸を越えただけだが、彼のために何かはしたという気になっていた。が、もっとできることがあったんだとわかった。彼の体に触れ、手を取り、抱きしめて彼の頬にキスをする。そうしたらよかったんだ。けれど、傍らの人間には、彼は堅苦しく、そんなことは許さないかのように見えたのだろう。だから誰もそうしたことをあえてはしなかった。私もその一人で、彼には一指も触れたことはない。誰かがそうするのを見たこともない。

彼に話しておきたかった。私にとって彼がどんなに大きな存在だったか、彼のアイデアがどれほど波及作用を及ぼしたか、彼の方法を使って私が患者と話している時、彼のことをどれほど思い出していたか、を。ある意味では、彼が臨死の床に私を呼んだことが、師からの私への最後の贈り物だった。いまわの際にあって、それ以上の特別な何かが、彼の心を占めていたとは考えにくい。

ロロ・メイ

ロロ・メイという人は、私にとっては著作家、セラピスト、そして、最後には友人として重要な人物だった。

精神医学の初期訓練の間、私は当時主流の理論モデルに困惑させられ、そして物足りなさを感じていた。私には、生物学的モデルも精神分析モデルも、その理論構成が、人間のエッセンスやそのあり方の核からはひどくかけ離れているように思えた。彼の著書『実存――心理学と精神医学の新しい視点――』（岩崎学術出版社）が出版された時、私は訓練生二年目で、この本を隅から隅まで貪るように読み、パーッと明るい眺望が開けたのを感じた。私はさっそく、学部で開講されていた西洋哲学史に登録し、勉強を始めた。それ以来、自分でも哲学書を読み、授業もさらにいくつか聴講した。その結果、人間に関する叡智や生きる指針に関しては、自分の専門よりも哲学からのほうが、発見が多かった。

この本に会えたこと、そして人間の問題を考える際のより叡智に満ちた方法を示してくれたことで、ロロ・メイに感謝した（とりわけ、最初の三つのエッセイが魅力的だった。他の部分はヨーロッパの現存在分析の概説だった）。何年も後になって、私が末期癌の患者たちに関わりをもっていた間、私自身にも死の不安が高まり、彼との面接に通うことにした。

彼はティブロンに住み、そこで面接をしていた。私のオフィスがあるスタンフォードからは車で八〇分のところである。私にはそのことに時間をかける価値は十分にあると思え、週一回、三年間、彼のところに通った。ただ、彼が毎年夏に、ニューハンプシャーで休暇をとる三カ月間はセッションも休みだった。私は移動の時間を有効に使おうと考え、セッションをテープに録って、車の中で前回分を聴いていた。車で長距離を通うクライエントには、しばしばこの方法を薦めている。

三年間のセッションでは、死と不安についてたくさんのことを語り合った。死を前にした数多くのクライエントと関わることで、私の心がその底から撹拌されたことによる。私に付きまとっていたのは、死とともにやってくる孤立である。一つ例を言うと、講演旅行の最中、夜になると不安が激しく襲ってくることが続いていた。そこで、彼のオフィスからそう遠くないモーテルに一泊して、一人の夜をなんとか凌いでみることにし、その夜を挟んだ前と後の時間にセッションを取ってもらった。

予想通り、夕方になると捉えどころのない不安が襲ってきた。眠ったら眠ったで、こんどは追いかけられる夢や、魔女の手が窓から侵入してくる恐ろしい夢を見た。セッションでは死の不安について探索していたことは確かだが、太陽を直視しないよう、どこかで共謀していたようだ。つまり、私がこの本で取り上げている死の恐ろしさと直面することを、われわれは避けたわけである。

しかしながら、結局のところロロ・メイは、私にとっては他に抜きん出たセラピストだった。その彼が、面接が終結した後、私に友情を差し出してくれた。彼はまた、私の本『実存的心理療法』を良い本だと言ってくれた。この本は、執筆に一〇年を要し、やっと書きあげたばかりだった。われわれは、セラピスト＝クライエント関係から友情への、複雑で危険を孕んだ移行を、あまり苦労せずになし終えた。

時が過ぎるとともに、われわれの関係に変化が訪れた。彼に何回か小さな発作が起きた。そのたびに彼は動揺したりパニックになって、しばしば私を頼ってきた。

ある日の夕刻、彼の妻ジョージアが電話してきた。夫が危ないので、私と妻に、すぐに来てほしいとの頼みだった。その夜、われわれ三人は交代で彼に付き添った。彼はすでに意識がなく、進行した肺水腫のせいで苦しい呼吸をしていた。私が付き添っている間に、彼は最後に引き込むような息をし、亡くなった。ジョージアと私は彼の体を洗い、朝には彼の遺体を葬儀屋が火葬場へ運べるよう、準備を済ませた。

その夜、気持ちが混乱したまま寝ようとしたが、彼の死や火葬のことが頭をよぎり、まともに眠れなかった。そして、こんな強烈な夢を見た。

私は両親、姉とショッピング・モールを歩いていて、二階に行くことにする。私はエレベーターに乗るが、たった一人になっていて、ほかの家族は誰もいない。おそろしく長い時間、乗っていた。降りると、そこは南国のビーチだった。他の家族は、探しても探しても、見つからない。場所は魅力的だが――南国のビーチは、私にとっては楽園である――だんだんと恐ろしくなってくる。次に私は、笑顔のクマさん（Smoky the Bear）[訳注3]のかわいい絵の子ども用の夜着を着る。夜着のクマさんの顔がだんだんと光り出し、そして輝きを放ち始める。すぐに夢全体が顔でいっぱいになり、まるで、夢のエネルギーの全部が、かわいく笑うこのクマさんの顔に乗り移ったかのようになった。

この夢で目が覚めた。恐ろしかったからではなく、夜着の絵が光ったからだ。それはあたかも、寝室に突然、投光機が向けられたかのようだった。夢の最初のほうでは、私は落ち着いていて楽しいくらいだったが、家族を見失うと、たちまち不吉さと恐ろしさがやってきた。そのあと、場面は一気に変わり、光りを放つクマさんに、夢全体が呑みこまれた。

ロロ・メイの火葬のことが、このクマさんが光ることの背後にあるのは、かなり確かだ。彼の死は、私自身の死を突きつけてくる。夢では、私が家族からはぐれてしまい、上の階に向かって際限なく上昇していくが、これは私の死を描いている。私は自分の無意識がいかに騙されやすいかにショックを受けた。エレベーターに乗ることや、南国のビーチといった天空の楽園の映画ヴァージョンによって、私のかなりの部分がハリウッド的な不死のイメージに上塗りされているかがわかって、ひどく困惑した（そもそも天国とは、この世から完全に切り離された存在ゆえに、どんなふうに描いても十全ということはないのだけれど）。

夢は、恐怖を消そうとして必死の努力をしているかにみえる。私は彼の死と火葬待ちという事態に揺すぶられ、そしてこの夢で、私の体験全体を和らげ、恐怖を消そうと格闘している。死は上手に偽装され、南国のビーチへ上がっていくエレベーターに変わっている。炎熱の火葬でさえも、より取っつきやすいものに加工されていて、死の眠りは子どもの夜着になり、抱っこしたくなるようなかわいいクマさんとなって登場する。

この夢には、夢は眠りの守護者だとするフロイトの信念がとてもピッタリと当てはまる。私の夢作業は、私の眠りを持続させようとし、全体が悪夢になってしまわないよう、全力を揮っている。恐怖の波が寄せるのをダムのように持ち堪えようとするが、結局は亀裂が生じ、情動が漏れ出てくる。抱きしめたくなるようなクマさんは、ついに過熱して激しく白熱光を発し、そのまばゆさで、私は目が覚める。

死と向き合う

大方の読者は、七五歳の私がこの本を書くことで、自分の死への不安が克服されていくなどとは思ってはおられないとは思う。この点をもっとはっきり書く必要があろう。「死を思う時、あなたを一番怯えさせるのはどんなこと？」私がクライエントに、よくするこの質問を、私自身にもしてみる。

訳注3　アメリカ森林火災警備隊のマスコット。［Smokey］の文字の入った帽子をかぶっている。クマは森の精、森を護る、という連想があるようだ。

私を怯えさせるものの第一は、妻と別れることの痛みである。彼女は私たちが一五歳の頃からの心の友である。ある情景が浮かんでくる。彼女が自分の車に一人で乗り、自宅まで帰るのを見送る、そんな図である。少し説明が必要だろう。私は毎週木曜日には、サンフランシスコにいるクライエントと会うために車で出かける。彼女は金曜日になるとパロ・アルト（スタンフォード大学と自宅がある街）から電車でやってきて、週末を二人で過ごす。帰りは私の車で一緒にパロ・アルトの駅まで戻る。彼女が駅の広大な駐車場で自分の車を見つけ出して発進させるのをバックミラー越しに見届けてから、私はようやく車を出す。私が死んだあと、彼女は誰のエスコートもなく、一人で車を見つけ出して動かす、そんな図を思い描くと、たまらない苦しさが襲ってくる。

人はこう言うだろうか、その苦痛は彼女のものではないか、と。その場合、私の苦痛は何なのだろう？　今、こうして苦痛を感じる「私」は、もうそこにはいない。これが、私が答えられることである。エピクロスに拠って答えてみると、こうなる。「死のあるところ、そこに私はいない」

恐怖や悲しみ、悲哀や喪失を感じるはずのその私は、もう存在しない。私の意識は消え、スイッチが切れる。光は消えるのである。エピクロスのシンメトリー論、つまり、死後、私は生まれる前と同じ非在という状態の中にいる、という言説に、私は心が鎮まる。

伝わることと終わること

ただ、死についてのこの本を書くことは個人的な価値もある、という点は否定しえないところである。この作業は、私を馴らすように働いていると思う。つまり、われわれはどんなことにも、たとえ死にも慣れることができる。であるにしても、この本を書くことにした当初の目的は、自分の死への不安に向き合えるようになることではなかった。私は、この本を、第一には教師として書いている。私はこれまで、死の不安を緩和することについてさまざまに学んできた。それを、自分が生きていて、知的能力が損なわれないうちに、できる限りほかの人たちに伝えたいのである。

こうした場合、書くことは波及作用と極めて近いところにある。私は自分にとって大事と思えるものを未来に受け渡すことに大きな満足を覚える。が、この本の中で繰り返し言ってきたように、「私」というイメージやペルソナが残っていくのを望んでいるのではない。むしろ、私自身の考えや、方向づけや安堵からもたらされるような何か、それらが残っていくのを願っている。つまり、人の世話をするといった行為や幾許かの叡智、恐怖に対処しようとする前向きな姿勢、これらが私の知りえない人たちにさざ波のように伝わり、広がっていく。それを念じている。

最近ある若者が自分の結婚のことで相談にやってきた。セッションが終わった後、自分のかねてよりの疑問もあって、やって来たと明かした。二〇年前、彼の母が私のところに来て（彼女のことは、ついに思い出せなかった）、数回の面接をした。その後、彼女は私とのセッションが、どれほど自分の人生を変えたかを、彼に繰り返し話していたという。私の知るセラピスト（や教師）は誰も、こうした長期に及ぶ波及作用のことを語る。

私は、自分自身や私のイメージが変わらない形で残ってほしいという願いは、とうに捨てている。

私のことを知っている最後の人が亡くなる時が、いつかは来る。数十年前に読んだ、アラン・シャープの小説、『スコットランドの緑の木』には、二つに分かれた田舎の墓所が登場する。その片方は「思い出の死者」、もう一方は「真の死者」と表記されていて、「思い出の死者」の墓所では多くの墓にそれぞれ花が飾られ、「真の死者」のほうは忘れ去られ、花もなく、草が茂り、墓石は傾いたり壊れたりしていた。ここにいる真の死者たちは、もう誰も知らない昔の人、つまり、彼らの生きていた頃を知っている人はいない、という死者たちである。年老いた人という存在は――誰の場合もそうだが――たくさんの人たちについての記憶の最後の貯蔵庫でもある。かなりな高齢で人が亡くなると、その貯蔵庫は、その人とともに消えてゆく。

結びつくことと、この一瞬を生きること

親密な結びつきがあると、人は死の恐怖を乗り越えやすくなる。私の場合は自分の家族――妻や四人の子ども、孫たち、そして姉――や、数十年にわたる親友たちとの関係を大事にしている。とりわけ、古くからの友情を維持し育んでいくことをおろそかにしないようにしている。古い友人を新しく創り出すことはできないのだから。

結びつきが生まれる豊富な機会は、心理療法によってセラピストが手応えを感じることとピッタリ対応している。私は自分のクライエントとは、いつの場合も親密に、また、自分の感覚を基にして関わろうとしている。ごく最近、私はセラピスト仲間でもある親友に、自分は七五歳だからといって、

引退などは毛頭考えていないことを話した。

「この仕事はとても満足のいくものだから、お金なしでもやっていきたいくらいだ。この仕事の特権だと思っている」と。

私がそう言ったら、彼はすぐに反応して、「僕は、自分のほうがお金を払いたいと思うこともあるよ」と答えた。

だが、結びつきを持つことの価値には限界がないのだろうか？　結局のところ、人はこう問うことになるのかもしれない。もしわれわれがたった一人で生まれ、一人で死なねばならないとしたら、結びつきには、はたして変わることのない基本的な価値があるのか、と。こうした疑問が湧いてくると必ず思い出すのは、あるグループ・セッションで、死を前にした女性が言った言葉である。彼女はこう言った。「真っ暗な夜でした。私は港に浮かぶボートに一人で乗っていました。他のボートもたくさんいて、その明かりが見えました。自分は皆のところにはたどり着けず、その中には混じれないとわかっていました。でも、港の中でたくさんの明かりが上下に揺れるのを見ているのは、とてもやすらぐのです」と。

彼女の感覚は、そのとおりだと思う――結びつきの豊かさは、この一瞬しか生きられないという感覚の苦痛を和らげる。幾多の哲学者たちも、これまでにもそこに達するためのアイデアを出してきた。たとえば、人間を、すべてを包含する生命の力（ショーペンハウアーのいう意志、ベルクソンのエラン・ヴィタール elan vital）の個別的な顕われと見て、死したのちは再びそこに戻っていく、という考えがある。再生を信じる人たちは、人間のエッセンス――精、魂、霊が持続し、そして別の存在に生まれ変わると考える。物質主義者なら、こう言うだろうか。死後、われわれのDNA、生体の分子、炭素原子さえも宇宙にバラ撒かれ、いつかはある別の生命体の部分になるよう呼び集められる、と。

私にとっては、こうした永続のモデルは、この一瞬しか生きられないことの痛みを軽減することにはあまり役に立たない。私の分子たちはというと、私個人の意識がなければ、私にわずかな心の安らぎももたらさないからである。

私からすると、この一瞬しか生きられない、という感覚はバックグラウンド・ミュージックに似ている。それはいつも流れているが意識されることは稀で、何か強烈な事件が起きると、その感覚が人を一気に覚醒へと導くものである。最近のグループ・セッションでのことを思い出す。

まず、こうしたセッションの背景について。私は、この一五年の間、他の一〇人ほどの仲間のセラピストと組んで交代しながら、リーダーレスのサポート・グループを運営してきた。そのグループでは、治療不能の癌をかかえた精神科医ジェフが中心になっていた。彼は数カ月前にその診断を受けた。それ以来、彼は他のメンバーが率直に、思慮をめぐらせながらも、勇気をもって死に向かい合えるよう、そのガイド役として気を配ってきた。二回前のセッションから、彼が弱ってきたのは誰の目にも明らかだった。

このセッションの最中に、私は、この一瞬を生きるということについて、もの思いに耽っていた。そして、セッションが終わるとすぐ、次のようなメモを書き残した（私たちには内密性[訳注4]

confidentiality の倫理があるが、ここでのセッションの内容を公開することに関して、グループ・メンバーとジェフが、特別に許可を与えてくれた)。

ジェフは、自分が弱ってきて、このグループの皆に会えなくなったり、あるいは、自分の家でセッションを開くのも無理になった時のことを、前もって皆に話した。あれは皆への別れの始まりなのだろうか？彼は皆の前から退却することで、悲哀の痛みを回避しているのだろうか？　彼はわれわれの文化が死をいかに汚いものやゴミのように扱ってきたか、そしてその結果、皆が死をいかに回避してきたかについて話した。

「で、それがここにも起きているのだろうか？」。私が言った。

彼は全体を見回し、首を振った。

「いや、ここは、そうじゃない。みんな一緒に考えてきたからね」

他のメンバーからも、彼の世話をすることと干渉との違い――つまり、自分たちは彼頼みになりすぎているのではないか、そこをはっきりさせる必要があるという発言があった。彼が言った。自分はみんなの教師で、死について話すのが役割だ、と。そのとおりだろう。だから私は彼のこと、彼の教えを忘れてはならない。が、彼のエネルギーは終わりに近づいている。

かつては有用だった現世中心の心理療法は、今や時代と合わなくなった、と彼は言った。彼が語りたかっ

訳注4　質の良い援助をすることを目的として、援助に関わる直接の関係者が、援助を受ける人の情報を共有すること。cf. secret（秘密・機密）互いの関係維持や利害のために、当事者間では「それ」に言及することなく、伏せておくこと。

たのは霊的なことで、これはセラピストが踏み込んでいない領域である。

「霊的なことって、どんなこと?」と質問があった。

長い間があって、彼は言った。「そうね、死とは何だろうか? 死にゆくことに人はどう付き合うか? それについてセラピストは誰も語らない。もし私が、今、自分が呼吸をしていることや、その呼吸が低下したり止まることについて瞑想しているとして、その時、私の心には何が起きているのか? 死んだそのあとはどうなるのか? 肉体が死に、単なるゴミになった後にも、意識は何らかの形で残るのだろうか?

本当は誰にもわからない。自分の家族に、この体が死んでも三日間は(たとえ漏出や悪臭がしても)家に安置しておいてほしいと頼んでもよいのだろうか? 三日間とは、仏教徒にとっては、霊が体を離れるための時間だという。グループのメンバーは、レッドウッド[訳注5]の原生林の中に散骨してくれるだろうか?」と。

そのあと、彼は、自分の人生でこの場所でこそ、心から、自分がここにいるという実感を感じる、と言った。私は思わず涙してしまった。

あるメンバーが自分の悪夢のことを話し始めた。その夢は、自分がまだ意識があるのに棺桶に入れられていくというものだと語った。突然、私の中に長いこと忘れていた記憶が蘇ってきた。医学生一年の頃、私はラヴクラフトに刺激されて、意識があるまま埋葬される男、という、まさにこのテーマで、ある短編を書いた。それをSF雑誌に投稿したが不採用になり、そのうち勉強が忙しくなって、その文章はどこかに行ってしまった(未だに行方知れずである)。グループ・セッションで彼がその話をするまで、私は四八年間、そのことをすっかり忘れていた。が、これを思い出したことで、大事なことがわかった。それは、自分が思っていたよりもはるか以前から、私は死をめぐる不安に関わっていた、という事実である。

なんともすごいセッションだなー。つくづく、そう思った。人の歴史の中で、こんな話をしたセッションが、はたしてこれまでにあったのだろうか？　差し控えられていることなど何もない。語られていないこともまったくない。人間の条件についての最も困難で、最も厳しい問題が、やり過ごされることなく、ひるむことなく、見据えられている。

私は、その日に面接した若い女性のクライエントのことを思い出していた。彼女の発言は、男性の未熟さ、鈍感さを嘆くことに終始するものだった。私は男性だけのこのグループを見回した。私からすると、どの人も大事なここの男性たち、彼らは、それぞれに感度良く、穏やかで、配慮を働かせ、ありえないほどに、そこに存在していた。彼女がこんな人たちに会えていたなら、世界中の人がこのグループを見ることができたならと、思わずにはいられなかった。

そして、「今」という一瞬を生きる感覚、それまでは背景に引きさがって漂っていたこの感覚が、全体を支配するようになったのは、その時からである。前代未聞のこのセッションも、死を目の前にしたこのメンバーと、まったく同じく一瞬のものなのだとわかった。この理解は、私にはズシンと来るものだった。そして、ほんのちょっとの先に待つ死に向かって重い足取りで歩くわれわれも、同様に一瞬の存在なので

訳注5　セコイア（杉）の仲間で、巨樹になる。生息地のカリフォルニアやオレゴンでは、森林保護が進められ、レッド・ウッドやセコイアの国立・州立公園がある。そこには高さ一〇〇メートル級のものが林立する場所があり、ダグラス・モミやアメリカ・トウヒとともに常緑の深い森を形成している。

ある。この完全で、目もくらむような、圧倒的にすごいセッションはどこへ行くのか？　それは消えていく。われわれ全員も、肉体も、セッションの記憶も、自分のこのノートも、ジェフの苦闘や教えも、そうした場を創り上げたことも、中空に消え、暗黒の中を漂う炭素の原子だけが残って、ほかには何もなくなる。

悲しみの波が私を浸した。それをなんとかする手段があるに違いない。もしもこのグループのことだけでもフィルムに残され、地球全体に届くチャンネルに流されて、今、生きている人の全員がそれを見るとしたら、そのことが世界を永遠に変えるのではないか。そう、それでいいのだ——記録し、保持し、忘却と戦うのだ。いやしかし、もしかして自分はこの保持するということにとらわれすぎていないか？　本を書く理由はそれなんじゃないか？　自分はなんでこのメモを書いているんだろう？　記録したり保持したりするって、無駄な努力なんじゃないか？

愛する者たちが死んでも、愛は生き残る、とディラン・トマスは言った。このフレイズを最初に目にした時には、とても心を動かされた。が、今は、「生き残る？」、どこで？　それはプラトン的な理想に従って？　人がいないところで木がばたばたと倒れていっても、その音は聞こえないのと同じでは？　と訝る。

波及作用や繋がっていくことという考えは、私の心に浸透してきて、最終的には救済と希望をもたらした。このグループにいるどの人も、自分たちが今日、まさにそこにいたということに心動かされ、そのことはたぶんずっと残るだろう。皆がつながった。このセッションの皆が、ここで浮上してきた生きることのレッスンを、陰に陽に、互いに受け渡し合う。そして、ここでの語りに感動した人は、今度は誰か別の人にそれを語る。われわれは、そうしたことが持つ力を互いに伝え合うことができないはずはない。叡智、苦しみを分かつこと、人の世話をすることの波及作用は、どんどんと広がり、終わりがない。

付記：二週間後、ジェフの死が迫ってきて、彼の家を訪問し、再度、このメモを公開してもいいかを、またその際、名前は仮名と実名のどちらがいいかを尋ねた。彼は実名にしてほしいと言った。そして私はというと、この小さな本を作るという行為、つまり波及作用という考えが、彼に安らぎという光明をもたらすもの、と考えたい。

宗教と信念

私は道を外した人間というわけではないし、思い出せる限りでも、何か宗教的な信念というものを持ったこともない。私が憶えているのは、ハイ・ホリデー（訳注：ユダヤ暦のうち、二つの特別な聖日）には父とシナゴーグ（ユダヤ教会）に通い、神の栄光と力を賛美する英訳のタルムードを朗誦する風景である。そこでは、会衆は、神がいかに残酷で、うぬぼれが強く、復讐心に満ち、貪欲に祈りを求めるかを讃えていたからである。私は、そうしたことには戸惑っていた。親戚の大人たちが頭を振りながらお祈りを唱和していた。私はそーっとまわりを見回し、誰かが私のほうを見てニヤッと笑ってくれるのではと、密かに期待した。しかし、皆前を向き、お祈りを続けていた。私は「あの人」はどうしているかと目で探した。彼はいつも冗談好きの面白い人だったから、こっちにウィンクをして、口の端でこそっと、「おい、あんまり本気にすんじゃねぇぞ」と言ってくれるかと思っていた。けれど、何事も起こらなかった。彼はウィンクを送ってくるでなく、にこりともせずに、まっすぐに前を見て、一心に祈っていた。

大人になって、カトリックだった友人の葬儀に出席した。神父は、私たちは天国で喜びの再会を果たすのです、と会衆に語っていた。この時も、私は皆の顔を見回した。皆、熱列な信者の顔だった。私は妄想に取り囲まれているように感じた。私の懐疑主義は、最初の宗教指導者の雑な教え方によるところが大きいと思う。もし私が若年の頃に、魅力的で感度のよい、洗練された教師に出会っていたら、強い感化を受け、神のいない世界を想像するなど不可能になっていたことだろう。

死の不安をテーマにしたこの本で、私は宗教的な慰めについて多くを書くことは控えてきた。というのも、少々厄介な個人的ジレンマがあるからである。この本の中に登場する多くの考えは、強い宗教的信念を持った読者にも価値のあるものになるだろうと思う一方で、そうした人たちが読むのをやめてしまうような文言は、極力、避けてきた。たとえ、自分が彼らの持つ世界観を共有できなくても、その人たちへの敬意は持っているつもりだからである。他方、私の仕事は超自然的なものへの信仰を捨て、非宗教的で実存的な世界観に根ざしている。私の臨床実践の基本は、人間をも含む生命は偶然に発生してきたという前提に立つ。そして、こう考えている。われわれは有限の創造物であり、いくら望んだとしても、自らを護り、自分の行動を良しとし、人生全体を意味づける基準を提示する時に頼りにできるのは自分自身だけである。われわれには、予め定められたものはない。人はそれぞれに、可能な限り十全で、満足がいき、意味あるものとして生きるかを決める必要がある。

こうした見解は、人によっては厳しいものに見えるかもしれない。が、私はそうは見ていない。アリストテレスは、人間を独自なものにしている能力がその合理性にあるという。その前提に立つなら、われわれはそれを熟達させるべきだろう。それゆえ、たとえば奇跡というような非合理な思考に基づいた宗教的世界観に、いつも私は困惑させられてきた。私個人は、自然の法則を無視するようなものを信じることはできない。

ひとつ思考実験をしてみよう。太陽を直接、見つめること、つまり自分の位置を実存という視点から瞬きせずに見るのである。つまり多くの宗教が提供するような護りなしで――いずれにしろ永続、不死、霊肉の再生といった思考は、どれも死という終わりを否定しているが、そうしたものなしで生きようとすること。われわれはレールを敷かれなくても十分に生きることができると、私は考える。トマス・ハーディが「もしももっと良い方向があるとしたら、最悪の事態を具体的に想像しておく、ということになる」と言ったが、私はその彼に賛成である。

私は、信仰が多くの人の持つ死の恐怖を和らげることを疑っているのではない。しかし、疑問は残る。信仰に関わる言説は、私には、死を回避する最後の策に見える。つまり、死は最後ではなく、死は否定され、死は死化されていない。

となると、私はこうした信仰に、どう向かえばいいのだろうか？　答えは、私好みの仕方――物語を通して、にさせてほしい。

神はなぜ私に、こうした絵を描かせるのか?――ティム――

数年前、ティムという男性が電話をかけてきて、「実存についての最も重要な問題――つまり、自分の実存」について、一回だけのセッションの時間を取ってほしいと言った。彼は、こうも付け加えた。「繰り返して言います、一回でいいです。私は信仰をもっています」と。一週間後、彼はやってきた。白ペンキでオランダ人アーティストを描いたオーバーオール、絵を入れる紙カバン、という出で立ちだった。背が低く、ずんぐりした、耳の大きい人で、白髪の船員カット、口を大きく開けて笑うと、白いフェンスの板があちこち欠けたように歯が並んでいた。度のきつい眼鏡はコーラの瓶底のようだった。小型のテープレコーダーを持っていて、セッションを録音していいかと尋ねた。私は了解し、彼についての予備的な情報を訊ねた。彼は六五歳、離婚歴があった。二〇年間、建築の仕事をし、アートに専念するために四年前に退職したと語った。私から急がせたわけではないのに、話がいきなり核心へ及んだ。「私が電話したのは、あなたの『実存的心理療法』という本を読み、あなたのことが賢者に思えたからです」

私は訊ねた。「すると、その賢者に一度だけ、というのはまたどうしてですか?」

「たった一つだけ、質問があったからです。あなたが賢明であることを確信しているので、答えてもらうのに一回で十分と思いました」

電光石火の素早い応答に驚いて、私は彼のほうを見た。彼は視線を逸らし、窓の外に目をやったが、落ち着かないふうで、一度立ち上がり、また座って、それから紙カバンを体に引き寄せた。

「ほかに理由はありますか?」

「そんなふうに訊かれると思ってた。私には、その人が何を言うか、前もってわかるんだ。そんなことがしばしば。で、なぜ一回だけかの質問。重要な答えを一つ言ったが、ほかにもある。正確には三つ。一つは——収入はまあまあだが、それほどではないこと。二つ目は——あなたの本には賢明さがある。ただ、あなたは信仰の人でない。だから、ここは私の信仰のことを話す場ではないこと。三つ目は——あなたは精神分析の人で、私の会った分析の人は皆、私に何度も来させようとしてきたこと。以上」

「ティム、私はあなたの明晰さと自分のことを語る時のスタンスが好きだ。私も同じようにやってみよう。ここでのこの一回を全力でやってみたい。あなたの問題というのは、どんなものかな?」

「私は建設業の傍ら、いろいろなことをやってきた」。ティムは、この話を練習して来たかのように、早口で話し始めた。「詩人もやってきた。若い頃はミュージシャンで、ピアノとハープをやっていた。クラシックの曲を何曲かと、オペラを一つ創って、地方のアマチュア劇団が上演してくれた。が、この三年は絵を描いている。それしかやっていない。で、これが先月描いたばかりの作品だ」と、脇にかかえ込んだカバンのほうに顔を向けた。

「で、質問とは?」

「私の描いた絵も素描も、全部、神が私に遣わしたヴィジョンの単なるコピーだ。今も、寝たり起きたりしている間に、夜通し、私は神からのヴィジョンをもらい、次の日を丸々使ったり、何日かかけて、そのヴィジョンそのままをコピーする。あなたに訊きたいのは、**神はなぜ私にこうしたヴィジョンを遣わすのか**ということだ。見てくれ」

彼は、そーっと紙カバンを開けた。ためらい勝ちに、大きな素描全体を私の目の前に広げた。「これは先週のものだ」

それはインクにペンで細部の細部まで描かれた素描で、裸体の男性が地面にうつぶせになって横たわり、大地を抱きしめている。それは性交のようでもある。そしてまわりの草や木の枝はその男性のほうに靡き、やさしく撫でているように見える。たくさんの動物たち――キリン、スカンク、ラクダ、トラたち――が彼を取り巻き、敬意を示すかのように頭を垂れている。画面の下の端に、「愛する母なる大地」と彼の走り書きがある。

彼は、ものすごい速さで素描を次から次と広げていった。風変わりで入り組んだ線、目を引きつけられる素描やアクリル画で、ユングの言う元型的なシンボルに満ち満ちたもの、キリスト教的なイコン、色彩が燃えあがる曼荼羅図だった。私は目が眩んだ。

私は時計を見た。切り上げねばならなかった。「ティム、終わりの時間が近づいてきた。あなたの疑問に答えることにしたい。あなたに関して二つのことに気がついた。まず、あなたが並外れた創造性をもった人物であり、これまでのあなたの音楽、オペラ、詩、そしてこの光彩陸離たるアート作品がそのことを示している、ということ。二つ目は、あなたの自己評価が恐ろしく低く、あなたが自分の才能を認め、正当に評価しているとは、とても思えない、ということだ。どうだろう、違うかな?」

「そうかも」。ティムはそう言い、ちょっと戸惑ったふうだったが、少し間があって、こちらを見ないまま、こう、付け加えた。「そう言ってもらったのは、初めてじゃない」

「で、何が起きているかについて、私の見解はこうだ。つまり、あなたの展開したさまざまなアイデア、そして一頭地を抜いた素描群は、あなた自身の創造の泉から湧き出たものだ。しかし、あなたは自分を疑い、自尊心はとても低い。だから、あなたには自分がそんなものを創造できるとは信じられない。それゆえ、あなたはそれを誰か他の人の、つまり神のせいにしている。私が言いたいのは、たとえ**あなたの創造性が神から与えられたもの**だったとしても、そのヴィジョンと素描群を創り出したのはあなたであり、あなた一人がそれをした。私はそう確信している」

ティムはじっと聴き入りながら、頷いていた。彼はテープを止め、こう言った。「私はこのことを忘れないでおきたい。だからこのテープを何度も聞くつもりだ。あなたは、私が必要としたことを言ってくれた、そう思う」

*

私は、面接でクライエントが宗教的な人の場合、私が個人として一番大事にしているもの、つまり**その人をケアする**こと、それのみに基づいて進めていくことにし、それとぶつかるものは入れないことにしている。ある信仰の体系が、私には何とも奇妙なものと映ったとしても、その人に十分に貢献しているようなら、それを崩そうとは毛頭、思わない。つまり、宗教的信念を持つ人が私のところに来た場合、その信念は幼少の頃から身に染みついているものであることが多いので、その核に触れることはしないことにし、むしろ、その信念をサポートする道を探すことにしている。

私は、かつて宗教者とのセッションを持ったことがある。彼はミサの前にイエスと対話すると、必ず大きな安らぎを感じていた。私が会った時の彼は、管理的な仕事にも、同じ教区の同僚との葛藤にも悩まされ、イエスとの対話の時間を短くしたり、取りやめたりする羽目になっていた。私がしたのは、彼にとってそれほど安らぎと導きをもたらす大事なものを、自らがやめてしまう理由は何なのかを見出すことだった。また、こうした作業をすることへの抵抗も、徹底して話題にした。その際、私の側からは、彼の聖務への疑義を差し挟むことはしないでおいた。

一方で、私は自分で治療者として守るべき態度を保持できなくなってしまった事例を、今も鮮明に覚えている。

生きる意味はいらないと言うのか――ある正統派ラビ――

何年か前、アメリカに滞在中の若い正統派ユダヤ教のラビが電話をかけてきて、面接を受けたいと言った。彼が言うには、自分は実存的心理療法のセラピストになるための訓練を受けているが、ユダヤ教での考え方と、私の言っている心のあり方についての考えとに、いくつか不協和を感じるとのことだった。私は会える旨を伝え、一週間後に彼は勇んでやってきた。彼は魅力ある青年で、目つき鋭く、あごひげを長く伸ばし、長いもみあげをカールさせ、ユダヤ帽を頭に載せ、それらとは不釣り合いなテニス・シューズを履いていた。彼とは三〇分ほど、セラピストになりたいわけや、彼の宗教的信念と私の本『実存的心理療法』に登場する特異的な表現との間で起きる葛藤について話した。

　彼の話し方は、最初は丁寧だったが、態度が少しずつ変わって行き、だんだんと自分の信念を語る声に力が入り始めた。私の中に、彼がやって来た本当の目的は私を入信させることではないかとの疑いが頭をもたげた（伝道者の訪問を受けるのは、初めてではない）。彼の声が大きくなり、テンポも速くなってきた。今から思うと、私の我慢も限界にきて、普通よりは遙かに慎重さを欠き、尖った言い方になっていたようだ。

「ラビ、あなたの関心は、ほんとに一つかな？」。私は割って入った。「われわれの見解の間には基本的な対立がある。全知の人格神が遍在し見守ってくれ、神が人生のデザインを与えてくれる、というあなたの考えは、人間に関する私の実存的な見方とは、相容れない。私は人間を、自由だが有限で、無辺際の宇宙にたった一人、何の作為もなく投げ出された存在と捉えている。あなたは、死は終わりではなく、二つの昼に挟まれた一つの夜にすぎず、魂は不死である、と言う。それなら、あなたが実存的スタンスのセラピストになろうとすること自体が問題だ。この二つの観点は、まったく正反対だからね」

　彼の表情が不穏気になり、人差し指を私に向け、「で、あなたはそんな程度の信念だけで生きられるのですか？　何の意味もなく？」と、たしなめにきた。「もっと真剣になったらどうですか。自分より大きなものの存在を信じて初めて、人は生きられるのではないんですか？　何もなしでは不可能でしょう。暗闇に住んでいるようなものだし、動物と同じですよ。もし、すべてのものが消滅するというのなら、存在することにはどんな意味があるというのですか？　信仰があって初めて、私は生きる意味、叡智、なすべきこと、神聖な安らぎ、生きるべき道を与えられているんです」

「ラビ、あなたの言っていることは理に適っていないと思う。生きる意味、叡智、なすべきこと、よく生きるということ。そうしたことは、神を信じることとは関係がない。そう、もちろん、宗教的信念によって、あなたは満足や安らぎ、自分の正しさを得ている――そのために宗教が生まれたんだろうから。あなたは、宗教なしで生きられるのかと問うた。私は十分に生きていると思っている。私は人が創り出した原理に従って生きている。医師としてのヒポクラテスの誓いを信じ、そして、人が自らを治癒し成長するのを手助けすることに献身している。私はそうした倫理に生きている。私は自分が関わる人たちとともにある。自分の家族や友人たちとの好もしい関係を生きている。私には自分の倫理の指針としての宗教は必要ではない」

　彼が口を挟んできた。「そんなことを言っていいんですか？　あなたがほんとうに気の毒になった。私はくり返し思う、この神も、日々のこの信仰生活も、信念もなしには、生きることはできない、そう思っている」

　私の我慢は完全に限界に来た。「私もくり返し思う。もし自分が、信じてもいないものに献身を求められ、一日に六一三もある規則に沿って日々を送らねばならず、人間の賛美を貪る神を讃える日々を送らねばならないとしたら、たぶん、自分を吊るしたくなるはずだ！」。こう言ってしまったのだ。

　ラビは被っていたユダヤ帽に手をやった。一瞬、しまった！　と思った。帽子を床に叩きつける気か！　言いすぎたか！　つい、言わずもがなのことを口走ってしまった。他人の宗教的信念を脅かそうなんて、絶対に思ったことなんかないのに。

しかし、違っていた。彼は、頭を掻きむしって、互いの間にある考えの埋まらない溝と、私がユダヤの文化的背景や伝統からあまりに離れてしまっていることに、困惑したにすぎなかった。われわれは、なんとかセッションを終え、別れた。彼は北へ向かい、私は南へと向かった。彼が実存的心理療法の勉強を続けたかどうかはわからない。

死について書くこと

以下は、死について書いたこの本の掉尾となるものである。七五歳になる多少とも自省的な人間なら、生が一瞬であることと死との両方に目を向けるのは自然なことだろう。日々生きる中で、一つ一つのことが身に堪えてくる。同世代は退場していき、友人や仲間たちは病気になり、あるいは死に、自分も目が見えにくくなり、自分の身体――ひざや肩、背中や首に、大小のトラブルが増えてくる。

若いころ聞いたのは、親たちの友人・親戚からのこんなフレイズだった。ヤーロム家はみんな温厚な人たちだった、だから若いうちにみんな死んでしまった、と。それゆえ、長い間、自分も若くして死ぬと信じてきた。ところが、こうして七五歳になった私がいて、父よりもだいぶ長く生きたことになる。そんなところから、今はオマケの時間を生きていると自覚している。

創造という行為は人の生が有限であるという意識と切っても切れないものではないか？　これはロ

ロ・メイの信念でもあった。彼は優れた文筆家、画家で、彼の描いたキュビズム風のモン・サン・ミシェルの絵が私のオフィスにかかっている。彼には創造という行為がわれわれの死への怖れを超えることに寄与するとの確信があり、その最期の最期まで文を綴り続けた。フォークナーも同じように言っている。「芸術家の目的は瞬間の動きをとらえることである。人間の造り出した手段を使って生命をとらえ、それを定着させる。一〇〇年ののち、誰かが見ることで、再びそれが動きを復活させる。そんな事態を、芸術家の誰もが目指す」。ポール・セローも、死は凝視するには苦痛すぎるゆえに、「われわれは、あらゆる喜びや芸術をもたらす源泉となるのと同じ、その情熱をもって、人生を愛し、価値づけるようになる」と言った。

書くという行為そのものが、自分には新たなものを産み出すように感じられる。最初のアイデアの萌芽から、最終稿にたどり着くまでの創造という行為、それが私はとても好きだ。その過程そのものが喜びの源泉になるとわかった。私は、大工仕事にも似たこの書くというプロセス、つまり、ピッタリ当てはまる言葉を探し、荒削りの文を磨き、つやを出し、語句や文のあっちをつなぎ、こっちは切る、そこが好きなのだ。

死のテーマに熱中するのは鬱陶しいんじゃないか、と言う人たちもいる。そして、このテーマで私が話しをすると、同僚たちは、たいてい、こう言う。あなたの日々があまり悲惨だから、そんな暗いことを考えるんじゃないの、と。そんな人たちに、私はこう言うことにしている。大事なことを、ちゃんと伝えてなかったね。だからもう一度言うよ。死に向かい合うことはその悲惨さ、厳しさを散じる、と。

私は時々、「スクリーン分割」技法を使うことで、自分の内的状態をうまく描き出せるようになった。この一種の催眠イメージ法を使えば、クライエントに取り憑いた苦痛な記憶を無毒化することが可能になる。以下は、その進め方である。まずクライエントを閉眼にさせ、催眠状態に導いてから、浮かんできた視野あるいはスクリーンを、上下に分割するよう求める。どちらか片方に、暗いあるいはトラウマ・イメージを描き、もう一方には、良いイメージのシーン、楽しさや平穏さをもたらすもの（たとえば、自分の好きな森の小道あるいは南国のビーチを逍遥する、など）を描く。その楽しいほうのシーンを維持しておくと、それによって不穏なイメージが相殺され緩和される。

自分の意識のスクリーンの半分は穏やかで、しかも常に一瞬の生という感覚に目覚めている。が、もう一方のほうは、別のショウが演じられ、上と下は相殺される。このショウのシナリオは、生物学者リチャード・ドーキンスのメタファを借りると見事に描ける。彼はこんなふうに言っている。時間という巨大な支配者に従いながら、レーザーくらいの幅のライトが一定のスピードで移動しているところを想像してみてほしい。そこではビームが通過したすべてのものは、過去という暗黒の中に消えて行き、まだライトが当たる前のものはすべて、未だ生ずる前の暗黒に覆われている。このレーザーが当たっているところだけに生命がある、と想像してみると、嫌な気分が吹き払われ、自分はありえないほど幸運で、ここに生きていて、しかも、そのことをこんなにも楽しみ、享受している！　そんな考えが湧いてくる。そこからすると、本当の生命は頭上に広がる完全に人間現象を越えた広大な宇宙の、どこか別のところにあるはずだといったこの現実を否定する考えに与してしまい、その結果、この命の輝く短い時間を無駄に使ってしまうのは、あまりにも愚かで、悲劇にさえ思えてくる。

この本を書くことは、ある種の旅、自分の子ども時代や両親のことを振り返ることで、心ふるえる過去への旅になった。はるか昔のことが私を惹きつけた。死のテーマが私の人生全体に影を投げているとわかり、驚きの連続だった。また、死に関連したたくさんの記憶が、これほど長く持続し、とても明瞭だったことにも驚かされてきた。記憶が気まぐれなのも意外だった。たとえば、姉と私は、かつては同じ家に住んでいたのに、互いにひどく違うことを覚えていたりした。

私は、年を重ねるほどに過去がそれまでより大きくなることに気づいた——ディケンズは、この章の冒頭の引用にあるような、とても見事な表現で、このことを書いている。彼が示唆したようなことを、たぶん私はしているのだろう。出発点に戻っていく円を完成させ、自分という物語の粗雑な部分を均し、私を創ってきたものすべて、私がこうなってきたことのすべてを抱きとる、という作業を。

自分が子ども時代を過ごした場所を再訪して同級会に出てみると、これまで以上に心を動かされる。たぶん私は、その場所がまだそこにそのように存在していて、過去は真の意味では消滅していないこと、自分がいつでもそこに行けること、そのことがわかって、嬉しかったのだと思う。ミラン・クンデラは言っている。もしも過去は消滅していくという考えが死への恐怖を引き起こすのなら、過去を再体験すれば、その恐怖から脱出できる。一瞬の生。それは、そこにある——たとえほんのわずかの間だったとしても。

第七章　死への不安に取り組む――セラピストへの助言

私は人間だ。だから人間のことで私に無縁なものなどない。
テレンティウス

この最終章はセラピストである人たちに向けて書いたものだが、専門用語は援用していないので、一般の読者にも十分に通じるものになっていると思う。したがって、セラピストではない方にも、ぜひ、読んでいただきたいと願っている。

私の心理療法のアプローチは本流ではない。セラピスト養成のプログラムの中で、実存的アプローチが取り上げられる（あるいは、触れられる）ことは稀である。それゆえ、多くのセラピストにとっては、私の説明や臨床実践の記述は珍奇なものに映るかもしれない。私の心理療法のスタンスを説明するには、混沌を孕んだ実存的という言葉を明確にしておく必要がありそうだ。

「実存的」とはどんな意味か？

哲学のことをよく知っている人たちには、実存的という言葉からは、自由と選択を強調するキェルケゴールのキリスト教的実存主義、ニーチェの偶像破壊的決定論、ハイデガーが心血を注いだ時間論や自ら思考を重ねること、カミュの言う不条理の感覚、サルトルの不確実なものへのアンガジュマン（参入）など、多様な意味が想起されることだろう。

しかし私の臨床では、「存在に関わる」ということを直截に言うために、この「実存的」という語を使う。実存主義の思想家はそれぞれ異なる見方を提示しているものの、**人間は自分という存在を問うことができる唯一の生き物である**という前提を共有している。したがって、私にとっては、存在こそが鍵となる考え方である。そうなると、「存在に関わる心理療法」や「存在に焦点を当てる心理療法」などの言い方もありうるが、やや冗長になるので、「実存的心理療法」という、よりスッキリした語を使うことにする。これによって、用語上の煩わしさが少なくなると思われる。

実存的アプローチは数ある心理療法の一つで、そのどれもが、人間の絶望に関わるものという点で存在理由がある。実存的心理療法の立場では、自分を苦しめるものが生じるのは、人が自らの存在と向き合うゆえだとする。それは何からやってくるかというと、①生物学上の遺伝（精神薬理学モデル）、②抑圧された欲動のせめぎ合い（フロイト派の立場）、③子どもにまったく関心を向けない神経症的な大人の内在（対象関係論の立場）、④有効に機能しなくなった思考（認知行動論の立場）、⑤想起できないトラウマ記憶の断片、また、⑥自分の仕事や重要な他者との関係がもたらす今現在の人生の危機などを想定する。

つまり、実存的心理療法の土台には、これらの絶望をもたらすものに加え、人間の条件——存在という「与えられたもの」――と直面することが不可避であるところから苦悩はもたらされるとする考え方がある。

では、この「与えられたもの」とはなんだろうか？

その答えはわれわれの内に存在し、容易に見つけることができる。少し時間を割いて、自分自身の存在ということに関して思いを巡らせてほしい。脇道に逸れることなく、これまでの考えや信念を括弧に入れ、あなたの「状況」を振り返ってみる。そうすると、あなたは必ずや存在の深い構造へと、すなわち、神学者パウル・ティリッヒの言う**究極の関心**に到達するだろう。私の考えでは、面接という実践にとっては、死、孤独、人生の意味、自由という四つの究極のテーマが、とりわけ密接に関わっている。こうした四つのテーマは、私の著書『実存的心理療法』の骨子を構成している。この本で私は、現象学とこれら四つのテーマとの治療的関連を論じた。

日々の臨床場面では、この四つは互いに絡み合うが、中でも死の恐怖が突出し、それが人間を苦しめる。しかし面接が進むにつれ、人生における意味、孤独、自由への関心も浮上してくる。実存志向のセラピストといっても、各々の世界観やスタンスは異なり、語る水準も違う。たとえばカール・ユングやヴィクトール・フランクルは、人生の生きる意味を失ったことが、面接のテーマになることが多いとする。

私が臨床の基礎にしている実存的な世界観は、合理性を内に含みつつ、超自然的思考は排し、生命一般、特にわれわれ人間の生命は偶発的な出来事から生じる、というものである。つまり、人は自分の存在を永らえることに固執するものの、命は有限であること、われわれは予定表も運命もなく、ひとり、実存へと投げだされていること、可能な限り十全に、納得できるよう、また倫理的に、意味を求めつつ生きることを、それぞれ自らが決めていかねばならない、と考えるのである。

実存的心理療法は、それ自体が単独で存在するのだろうか？　確かに、私は実存的心理療法について繰り返し、わかりやすいように語ってきた（そしてこのタイトルで大部な本を書いた）が、それが決して単独のイデオロギーをもつ学派だとは考えていない。むしろ、それぞれの治療的アプローチの知見と技術に鍛えられたセラピストなら、同時に**実存というテーマにも反応できる感受性を持った人として訓練されるのがよい**と考えている。

この章で私が目指すところは、セラピストが実存という面にも反応できるようになり、また、こうしたテーマに自ら向かおうとする気持ちを持つようになるところにある。ただ、たいていの場合、このテーマへの反応性だけでは、心理療法という援助全体からすると十分な結果が得られるとは言えない。なぜかというと、ほとんどすべての面接プロセスで、別のオリエンテーションによる技法が必要になってくるからである。

コンテンツとコンテキスト

私が、面接中の人間の条件について常に考えておく必要があると言うと、訓練中のセラピストからは、時に次のように返ってくる。「われわれが実存という場にいるという考えは、確かにそうかなとも思います。が一方で、かなり空疎で実体のないものにも感じます。実存スタンスのセラピストの場合、面接中にいったい何をするんですか？」、あるいは「もし私が先生のオフィスの壁にとまったハエなら、面接中にはどんなことが見えるんですか？」と（当然の疑問であろう）。

私は、心理療法のセッションをどんなふうに観察し把握するかのヒント――どのセラピストも初期の訓練の際に学ぶものであり、数十年の実践ののちにも、やはり価値があったと知るようなもの――を提示する。このヒントは、コンテンツとコンテキスト[訳注1]とを区別するという、極めてシンプルなものである。

コンテンツの意味は明白で、そこで話されている言葉の意味や内容のことである。たとえば、この本に登場する考えなどについて、私とクライエントが時間をかけて話しをするとする。しかし、あるクライエントが、人間関係、愛、性、職業選択、育児や金銭などの心配事について、毎週々々、時間いっぱい、繰り返しその話をするとしたら、そこには実存的なコンテンツは存在しないだろう。別の言い方をすれば、実存的なコンテンツは、あるクライエントの、面接のある段階に顕在化する。つまり、どのクライエントにも顕われるわけではなく、また、どの段階にでも顕われるわけでもない。それが本来である。きちんとしたセラピストなら、決して、コンテンツのどの部分かを無理に引き出

訳注1　元の語は「プロセス」なのだが、面接での両者の「関係」や流れに焦点づけるために、ここでは「コンテキスト」の語を使う。

したりはしない。面接は、理論で動くのではなく「関係」で動くもののはずだからである。

あるセッションをコンテンツから見るのではなく、コンテキスト（そこに起こっている関係）から眺め、そこからかかわると、相当違ったものになるはずである。面接場面の流れを実存的に見る感受性を持ったセラピストの場合、そうではないセラピストとは違う関わり方になる。**それはどのセッションでも明瞭な違いとして顕われる。**

これまで、実存的コンテンツについて多々書いてきたが、その大部分は、さまざまなアイデア群（たとえば、エピクロスの諸原理、波及作用、自らを充足させること）が持つ変革する力についてだった。しかし、そうしたアイデアだけでは十分ではない。つまり、**実際に治療的な力を創り出すには「アイデア」プラス「コンテキスト（関係）」の相乗効果が必要になる。**この章では、セラピストの方たちに役立つたくさんのヒントを提示し、面接場面をコンテキストとしてとらえ、かかわることの意味深さや有効性を実感してもらえたらと思っている。それによって、あなたのクライエントが死の恐怖に直面した時、その克服を手助けする能力を広げられるだろうからである。

「関係」が面接に変化をもたらす、という考えは新しくはない。セラピストやその養成に関わる人たちは、この一〇〇年の間、治癒をもたらすものは、理論や概念ではなく、関係をコンテキストからとらえ、かかわることだと知っていた。初期の分析家たちも、安定した治療同盟を創ることが最も重要だと知っていたので、セラピストとクライエントとの相互作用からは目を離さないようにしていた。

もしわれわれが、「関係」を創り出すことが心理療法の助けになるという考え（と、それを支持する研究）を認めるなら、次なる当然の問いは、どんな形の関係のあり方が最も有効なのかというものになる。六〇年以上も前に、心理療法研究の先駆者であるカール・ロジャーズは、面接での変化の条件として、セラピストの三つの態度を挙げている。すなわち、ジェニュインネス[訳注2]、的確な共感、および無条件の肯定的関心である。

セラピストがこの条件を備えておくことは、あらゆるタイプの面接で重要であり、私はこれを強く支持する。とりわけ、死の不安や実存というテーマに触れる場合、このジェニュインネスおよび、オーセンティック[訳注3]という態度を保持するなら、面接関係のあり方は、それまでとはまったく違うところに立つことになる。

死の不安と関係の力

人生の実存的様相にじっと目を凝らしてみるなら、悩む側のクライエントと、セラピストである私との間には、クッキリした境目はないとわかってくる。その人の社会的な役割についての型どおりの

訳注2　genuineness　クライエントからの刺激によって、セラピストの心に湧いてくるあらゆる気分・考えなどを自らに隠したり封じることなく、保持し、常に意識しておくこと。従来、「純粋性」、「誠実性」などの訳がある。

訳注3　authentic　自分の感覚や感じ取ったことをもとにしてその場にふさわしい応答を決めること。ちなみに、これと逆のスタンスは、指導者の言ったこと、本に書いてあったことなど、権威に従って（authoritative）応答すること。

記述や、性格についての見立ては、面接を促進するよりも、むしろ邪魔をする。私は、さまざまな苦悩を解くものは、人との純度の高い関係にあると考えている。したがって、人為的で不要な障壁を取り払い、クライエントとともに面接の時間を生きるよう、心がけている。心理療法という仕事においては、私は一人の専門家ではあるが、絶対に間違わないガイドではない。セラピストとして心の探索に関わったり、たくさんのクライエントをガイドする中で、脇道に迷い込んだこともある。

クライエントとともにするその作業では、他の何を措いても、私は両者の関係を創り出すことに全力を注ぐ。この目的のために、私は以下のような信念で行動することにしている。制服やその職業特有の服装は不要。卒業した大学や専門の資格、もらった賞をひけらかさない。知ったかぶりをしない。自分にも実存的ジレンマがあることを認める。質問には必ず答える。自分の役割に逃げ込まない。そして、自分の人間性や傷つきやすさを隠さない。以上である。

地下蔵で吠える野生の犬――マーク――

実存に関わる感受性がセラピスト＝クライエント関係に及ぼす影響。これを多様な面から見るために、ある事例を記してみる。要点は、〈いま・ここ〉にこれまで以上の注意を向け、同時にセラピスト自身がさらなる自己開示をするところにある。マークは四〇歳のサイコセラピストで、執拗な死の不安と妹の死に対する終わりのない悲嘆に苦しめられ、初めて面接にやってきた。以下のことは、彼との心理療法を始めてから二年目に起きたことである（彼のことは第三章で手短かに話題にした）。

このセッションの数カ月前に、新たなテーマが死の不安にとって代わっていた。彼はクライエントの一人、ルースに夢中になっていたのである。

私はいつもの面接のやり方とは異なり、最初に、マークがやっている集団療法に三〇歳の男性を紹介し、「もし、その彼が連絡してきたら、私に電話をください。彼についてもっと詳しい情報を伝えるので」と言った。

マークは頷き、私は続けた。「さて、今日はどこから始めようか？」

「いつもの、あのことです。いつものように、ここに来る途中、ルースのことばかり考えてしまうんです。彼女のことが頭から離れないんです。昨晩は、高校の時の仲間と夕食に出かけました。話は全編これ、あの頃のデートの思い出話しでした。それでまた、ルースのことで頭がいっぱいになり、それで胸が苦しくなりました」

「それって、どんなふうになること？　心の中で起きていることを、そのまま言ってみてくれるかな？」

「あぁー、なんか馬鹿げてて、子どもじみていて、夢のような感じ――私は、もういい大人で、四〇歳で、サイコロジストです。そして、彼女は私のクライエントで、その先はないとわかっているんです」

「その夢見心地の感覚を、じっと持ってて。それから、その感じを味わってみて。……どんなふうになったかな？」

彼は眼を閉じて言った。「軽い感じ、空を飛んでいるような……死んでしまったかわいそうな妹のことも、何も浮かびません……死のことも。……ある情景が突然浮かんできました。母は私を膝に乗せ、抱っこしています。たぶん、私は五歳か六歳で――母がまだ癌になる前です」

私は思い切って、こう言ってみた。「じゃあ、その夢見心地の感じになっている時には、死のことは消えて、それにつれ、妹さんの死のことも全部が消えて、もう一度、癌になる前のお母さんに抱かれた子どもに戻るんだね」

「ええ、そうです。こんなふうに思ったことはありませんでした」

「そうねぇ、その夢見心地の感覚の喜びと、たった一人の孤独な〝私〟が〝私たち〟になって行く融合とはつながってるんじゃないかな。それから、ここでもう一役演じているのは性ではないか、それは、ほんの一時でも、死を心の中から押しのけてしまうほどの激しさを持っている、そう思えてくる。とすると、あなたがルースの虜になっているということは、もうひとつ別に死の不安とも闘っているということじゃないかな。ルースに夢中になっているのは、別にヘンじゃないよ」

「性が私の心の中から〈一時的に〉に死を追い出すものだというのは、おっしゃる通りです。今週はまだましでしたが、死の観念は、結局は戻ってきてしまいます。日曜日、私は娘をバイクに乗せてラ・フォンダの街に連れて行き、そのあと、サンタ・クルスの海岸まで行きました。素敵な日だった。けれど、死の観念は取りついて離れなかった。〝お前はこんなことをあと何回できると思っているんだ？〟と、いつもこんなふうに、自分に尋ねてしまうんです。すべては過ぎ去り――私は老いていき、娘も同じです」

　私はこう言ってみた。「そうした死の観念、それをここのこの場で、扱ってみようじゃない？　詳細にわたってね。死の観念は圧倒的だ――けれど、それをじっと見据え、それを私に話してくれないかな。死んでいくことの、どこのところが一番恐ろしいのかを」

「死んでいくことの苦痛だと思います。母も苦痛の中で死んでいきました――いえ、でもそれが一番大きいわけじゃないんです。娘が親を失った苦痛を乗り越えられるか、それが気がかりなんです。私が死んだあとのことを考えると、いつも涙が出てきます」

「マーク、あなたの場合、あまりにもたくさん、あまりにも早く、死に曝されたのだと思う。あなたがまだ小さかった頃に、お母さんが癌になり、亡くなるまでの一〇年の間、あなたはそれを見てきた。それも父親なしでね。しかし、あなたとは違い、娘さんには体の元気なお母さんがいる。日曜日には自分をバイクで海に連れて行ってくれるお父さんも、ずーっといてくれる。あなたは自分の体験を彼女に重ねてしまっているようだ――つまり、彼女にあなたの怖れや自分の心の状態を、そのまま投影しているんじゃないかな」

　彼は頷き、少しあって、こう尋ねてきた。「質問したいことがあるんです。あなたの場合、そのことをどんなふうにしているんですか、死の心配はないんですか？」

「私も、深夜、死の不安に襲われることがあった。が、今はほとんど起きない。それに、年を取るにつれ、死を見つめることで、今までにないポジティヴな面も生れたようだ。たとえば、今まで以上に人生がよく見え、活力が湧く感じがしてくる。死を見つめることがもたらしたもの、それは、自分はこれからも瞬間々々を生きるということ、〝目覚めている〟という感覚や、今を生きていることの喜びを大事にし、感謝するということなどだ」

「自分の子どものことはどうなんですか？　あなたの死にどんな反応するか気になりませんか？」

「そのことはたいして気にかけてないよ。親のやるべきことは、子どもが身辺自律し、親からも独立して、自分でやっていけるようにしてやることと思っているからね。私の子どもたちはその点は大丈夫だ――彼らは（私の死を）悲しむだろうが、自分たちの人生もやっていくだろう。あなたの娘さんと同じようにね」

「そうでしょうね。娘は自分でやっていくだろうと、頭ではわかっているんです。それに、私のほうも、ようやく最近、死にどう向き合うかのひとつのモデルを、娘に示せるのではと思えるようになりました」

「ほお、それはよかった。娘さんへの何よりの贈り物だね」

少し間を置き、私はこう続けた。「で、少し尋ねてみたいことがあるんだ。ここでの〈いま・ここ〉のことと、今日の私とあなた、ということについて。ここでのセッションは、他の人たちの時とはだいぶ違うよね。あなたからの質問もあるしね。そして私はそれになんとか答えてきた。そのことについてはどう感じてたんだろう？」

「いい感触で、手応えありです。あなたがそんなふうに、私とご自分とを共有してくれるたびに、私は自分の臨床場面で、自分をもっとオープンにする必要があるんだとわかってきました」

「もう一つ尋ねてみたいんだが、このセッションの一番最初に、私に会いに来る途中に、〝いつものように〟ルースのことに考えがいくと言ってたよね。ここに来る途中でそうなるのは、なんでなんだろう？」

マークは頭を振り、考え込んだ。

私はこう、言ってみた。「今、彼女のことを考えることで、ここでの厄介な作業から離れられるからかな？」

「いえ、それは違うんです」。マークは勇気を振り絞るようにして言った。「別のことから気をそらすことになっていました。あなたがこの私のことをどう思ってるか、ルースとのことの全部を聞いて、私というセラピストのことをどう思っているか、いつも気にしてるんです」

「なるほど、それでか。私にもクライエントからの刺激で性的な空想が湧いてきたことがある。そして、私の知るセラピストも皆、そう言っていた。となると、このことは間違いない。あなたが自分で言ったとおり、深みにはまり、あまりにとらわれていた。ただ、性は分別を失わせるものでもある。私にわかっているのは、クライエントにどれほど夢中になっても、あなたにはそれを行動には移してしまわない抑制があることだ。それから、予想外のことだが、私と会うことで、これまでになくあなたの気持ちが刺激されたのだろう、とも思う。つまり、ここでの毎週のセッションがセイフティ・ネットだとわかっているから、それで自分の縛りを解いたんじゃないだろうか」

「でも、そんな私のことをセラピストの資格なしって思っていませんか?」

「いや、それはないよ。今日、あなたにクライエントを紹介したよね?」

「あ、そうでした。あの件は肝に銘じてお受けしました。強烈なメッセージでしたから。そうしていただいたことで、とても認めてもらったと感じました。それは言葉に尽くせないほどです」

彼は続けた。「ですが、それでも、頭の片隅から囁く声が聞こえてくるんです、あなたがこいつはダメなヤツだと思っているに違いないぞ、という声が」

「それはないね。もう、その考えを消去するキィを押す時じゃないだろうか。さて、今日はそろそろ終わりの時間になった。最後に、これだけは言っておきたい。ここまでたどってきたあなたの旅、ルースとの経験は、悪いだけじゃないんだ、って。私が実感しているのは、そのことからあなたが学び、一回り大きくなりつつあるということだ。あのニーチェの言葉を引用しよう。〝賢明になるには、自分の地下蔵で吠える野生の犬たちの声を聞くのがよい〟だ。どうだろう」

この引用がヒットしたようだ——彼はこのフレイズを独り言のようにくり返した。そして、涙を浮かべ、帰って行った。

セラピスト=クライエント関係を創るというテーマから見ると、このセッションには、他にも多々、実存に関わる論点が内包されている。それらは、愛の喜び、性と死、死の恐怖をつぶさに見ていくこと、何が心理療法的な行為・言葉かという問題、面接で〈いま・ここ〉を取り上げること、テレンティウスの至言とセラピストの自己開示などであり、以下、順次取り上げ、論議してみよう。

至福の時　マークがセッションの最初に言ったこと――「夢見心地」の感じと、ルースに心を奪われている時の開放感いっぱいの喜びが両方同時にやってくるのは、母がまだ元気な頃に膝の上であやしてもらっていた時の至福の記憶と、とてもよく似ていて、愛に夢中になっている時にそれがしばしば現れる。愛に取り憑かれた者の心中では、他のことは全部飛んでしまい、愛する人のすべてが――彼女の言葉の一つ一つ、どんな癖も、欠点さえも――彼の関心を引き付けてしまう。マークが母の膝に抱かれている時、彼は最早ひとりぼっちの「私」ではなくなり、苦痛は消え去る。「ひとりぼっちの〝私〟は〝私たち〟に融け込んでいく」。私が、こう、コメントしたのは、彼が愛に没頭することによって、自分が一人であることとの苦痛を緩和してきた点を明瞭にするためだった。このフレイズが私の独創なのか、それとも、はるか昔どこかで読んだものか定かではない。が、愛に魅入られた多くのクライエントに有効であるのは確かである。

性と死　性と死のテーマについて言えば、愛への没頭がマークの実存的な不安を和らげたというだけでなく、死の不安をも鎮める薬＝性（sexuality）の力として大きな働きをした。性という生命の力は、しばしば、死への想念を呑み込んでしまう。こうした例に、私はこれまで何度も遭遇してきた。あるクライエントは重度の血栓症で搬送される救急車の中で、性衝動が高まって、隊員の体を触ろうとしたり、ある女性は自分の夫の葬儀に向かう車の運転中に、自分に湧いてくる性感覚に逆らえなくなってしまった。さらには、妻に先立たれた高齢の男性は、死の恐怖に怯え、人が変わってしまったかのように性衝動を高まらせ、高齢者住宅の中の女性たちと性関係を繰り返し、争い事がひどくなった。そのため、管理者から精神科医の指導を受けるよう告げられる羽目になってしまった。また、別の年配の女性は、双子の妹が脳卒中で死んだあと、バイブレーターを使ってオーガズムを感じるようになり、その快感から、自分も発作で死ぬのではと怖れるようになった。ベッドの中のバイブレーターを娘に見つけられるのを怖れ、彼女はそれを捨てることにした。

死の恐怖を解析する　マークにとっての死の恐怖をはっきりさせるために、私は彼に尋ねてみた――この質問はこの本の最初のほうで別のクライエントにもしている――死ぬことの何が、一番恐ろしいのか、と。マークの答えは、他の人によくあるような「自分がしようとしてこなかったことの全部」とか、「まわりの人たちがどうなっていくのかを見たいんです」とか、「自分が、もうそこにいないこと」などではなかった。彼が口にしたのは、自分がいなくなった時、娘がその後をどう乗り切っていくのだろうか、という心配だった。私は、そうした彼の考えが非合理的だとわかるように、また、彼が自分の不安を娘（ずっと一緒にいて、大事にしてくれる父も母もいる）に投影してしまっていることも強調した。彼が娘に、人は死に対していかに冷静に向き合えるかのモデルを提供する、という解決法を選んだことに力を込めて支持を送った（五章では、終末期のグループがよく似た解決をしたことを書いた）。

何が心理療法的な行動・言葉と言えるか　マークとの面接の最初に、私はクライエントを一人、彼のグループに紹介したと伝えた。心理療法を教える人たちのほとんどは、こうした二重の関係――どんな形にしろ、面接ではクライエントである人が、セラピストとして同僚、という関係を並行して持つこと――に極めて批判的である。マークにクライエントを紹介することは、それ自体が危険を孕む。たとえば、彼が私を喜ばせようとするあまり、そのクライエントに集中できなくなったり、あるいは、彼にとっての三人の人物、つまり彼自身、クライエント、そして彼の中にある私の影が存在することになって、それが彼の気持ちや言葉を混乱させる、などである。

こうした二重の関係は一般的には面接プロセスに妨害的に働きやすいが、ここでは、そうしたリスクは低く、潜在的な有効性のほうが高いと考えた。というのも、マークが私のクライエントになる前に、私は彼のグループ・ワークのスーパーヴィジョンをしたことがあり、彼が有能なセラピストだと知っていたことにもよる。さらに、今回のセッション以前、私の紹介したクライエントとも、数年にわたって質の良いセッションも持っていた。

彼は、ここでのセッションの終わりギリギリのところで自分を卑下するようなことを口にし、私が彼のことをどこから見てもダメなやつとみているのでは、という考えにとらわれていた。そこで私は、これ以上ない強力な反応をした。つまり**私がクライエントを紹介したことを思い出させた**。この行為は、彼に対して私の言えるどんな言葉よりもはるかに支持的なものになった。心理療法の中での行動は、時に言葉よりも効果的なものになる。

面接の中で、〈いま・ここ〉を扱う　セッションの中で私が〈いま・ここ〉にシフトした二つの場面を挙げてみる。マークは、私のところにやって来る途中、自分のクライエント、ルースのことを〝いつものように〟、もの思いに耽りながら、とセッションの初めに言った。その言葉から、私に会いに来る時の彼と、セラピストである彼に会いに来るルースが、明らかに重なっていることがわかった。それを念頭に、セッションが少し進んでから、彼女のことを思い出すのが私に会いに来る途中なのはなぜだろうと質問してみた。

彼には、ルース＝クライエント＝自分という同一化が起こり、それが面接へ通う場で起動されるパターンが学習されていた。そのことに気づくよう、〈いま・ここ〉の場を創ろうとしたのである。

このあと、彼は私自身の死の不安や子どもたちのことでも、質問を投げてきたので、一つ一つ答えた。このやりとりは、彼の質問の背後にある気持ちや、私が答えたことで引き起こされる彼の連想を話題にするための、次のステップへの準備だった。**面接とは、相互に影響を与え合うクライエント＝セラピスト関係の流れと、それがさらに関係に反映するという連続した過程である**（この考えについては、この章の後のほうで、〈いま・ここ〉に触れる時に、もう少し詳しく述べるつもりである）。

二つ目は、マークとのセッションの場合も、種々のアイデアとクライエント＝セラピスト関係とが呼応していて、つまり、たいていのセッションがそうだが、両方の要因が連動して機能していた。こうした状態が準備されていることで、〈いま・ここ〉へのシフトが可能になった。

テレンティウスの至言とセラピストの自己開示　テレンティウスは、二世紀ローマの劇作家で、われわれセラピストという心の内面の仕事をする人間にとって極めて重要なアフォリズム（警句）を言ってくれている。**私は人間だ。だから、人間のことで私に無縁のものなどない**、と。

マークは、セッションの最後の最後に、勇気を振り絞って、これまでずーっと呑み込んできた疑問を口にした。「ルースとのエピソードを全部聞いて、あなたはセラピストとしての私を、どう思いますか？」。私は自分に言えることは何かを考え、私もまた、クライエントの存在から性的な空想を刺激されたことが一再ならずあると伝えた。そして、私の知るセラピストは誰もが、それを経験していることも付け加えた。

マークは穏やかならざる疑問を投げてはくるが、その疑問に面と向き合う際、私はテレンティウスの至言に従いながら、自分の中にどこか類似の記憶がないか探し、それを二人で共有することにしている。クライエントの語る経験がどんなに非人間的、悲惨、違法、奇異なものであったとしても、もしあなたが自らの心の暗闇に足を踏み入れることを良しするなら、そうした事柄にもどこか親和性を感じつつ、自分を位置取らせることが可能になる。

セラピストが初心者の場合、テレンティウスをマントラとして使うのがよいだろう。自分自身のよく似た内的体験とクライエントのそれを重ねることで、クライエントのことが、より理解しやすくなる。彼の警句は、死の不安に捉えられたクライエントに、とてもうまくマッチする。もしあなたが、実際にそうしたクライエントに出会った時は、自らの死の不安に対して自分自身を開かねばならない。私はこうしたことを軽々しくは言ってないつもりだ。このことを実行するのは、確かに簡単ではないし、また、そのための訓練プログラムも、既存のものはないからである。

フォロー・アップ　それからの一〇年の間に、マークには再び死の不安が起き、二度にわたる短期のセッションをすることになる。一度目は親友が亡くなった時、二度目は良性腫瘍の手術を自ら望んで受けることにした時である。どちらの場合も、彼は数回のセッションで急速に改善した。その結果、化学療法後に死の不安に陥ったクライエントとも個人面接ができるまで、自信が回復した。

タイミングと目覚める経験――パトリック――

ここまで、教育的な配慮として、種々のアイデア群とクライエント＝セラピスト関係のあり方を、別々に書いてきた。しかし、その二つを一緒に論じるところにたどり着いたようだ。最初に基本となる公理を述べる。それは、**種々のアイデアは面接関係が安定している時にのみ効果的に働く**、である。航空パイロットのパトリックとの面接は、そうしたタイミングの間違いという点から書いてみることにする。彼との場合、私が安定した面接関係を創れないまま、種々のアイデアの力を押しつけようとしたのである。

彼、パトリックは五五歳。国際線でのフライト・スケジュールが入れ替わる中、二年あまり、会える時にその都度、コンサルテーション（クライエントの当面する具体的なテーマについて、事態に有効な展開をもたらすためのアクションや決定、相手とのスタンスや関係の取り方について、当人の納得いく折り合い点を話し合う）のセッションをやってきた。彼が六カ月限定の地上勤務になった折、週一回のセッションに切り替えた。

たいていのパイロットがそうだが、このところの航空業界の経営の悪化の波をかぶり、給与は半減、三〇年間、積み上げてきた年金は取り上げられ、搭乗回数も増やされた。ジェット・ラグによる消耗と二四時間周期が壊れたことで重度の不眠になり、執拗な耳鳴りで体調は悪化の一途を辿った。彼が言うには、会社は彼のこの状態への責任を一切負わず、さらに搭乗勤務を増やそうとさえしていた。

ここでの面接のゴールはどこになるのか？　彼は、飛行機への乗務は今もイヤではないが、健康状態から考えると、仕事を変える必要があることもわかっていた。それに、恋人のマリアとは三年ほど一緒に住んでいるが、気持ちも倦み、疲れてきている。この関係を立て直すか、それとも終わりにするか。

面接の進展はゆっくりしたものだった。私としては、もっとしっかりした面接関係を創り出そうともがいていた。が、彼のほうは、海軍のエリート戦闘機乗り養成学校（トップ・ガン）卒を背負い、晴れの舞台に立つことに慣れた機長であり、今の自分の弱体を晒さないよう、細心の注意をしていた。これには、別の理由もあった。ＤＳＭ（『精神科診断統計マニュアル』）の基準を適用されてしまうと、地上勤務に格下げになるか、旅客パイロットの資格さえ失って、失職する可能性もあったからである。セッションでは、彼は距離をとったままで、こちらから詰めるのは難しかった。彼はここでの面接に期待をかけてはおらず、あとでセッションのことを振り返ることもなかった。

私のほうはと言えば、彼のことが気がかりになりつつも、二人の間に橋を架けることはできないままだった。彼と会っていても喜びは滅多になく、気分は下手なセラピストの状態、打つ手なしに陥っていた。

面接が三カ月目に入ったある日、彼は腹部に鋭い痛みを感じた。救急治療室に運ばれ、医師が腹部を触診、顔を曇らせ、すぐにCTスキャンを指示した。検査待ちの間に、癌ではないかと恐ろしくなり、死のことばかり考え、そして人生を転換する決心をした。検査の結果は良性の嚢腫で、手術で切除した。

死のことで頭がいっぱいになって検査を待っていた間に、彼には驚くほどの変化があった。次のセッションでは、彼はこれまでになく自分をオープンに語った。死に直面した気持ちになっていろいろ考え、自分がまだ実現していない人生のあれこれを想像したら、とてもショックだった、このままでは体を壊してしまう。そのことがやっとわかった、と語った。そして、長きにわたってとても大きな位置を占めていたパイロットの仕事を辞めると決めた。弟がやっている小売り業の仕事に誘ってもらい、それが一線から引いた仕事というのも幸運だった。

彼は父との断絶した関係も取り直すことにした。父とは数年前の些細な言い合いから始まり、それがグズグズのままになっていて、家族の他のみんなとの関係までおかしくなっていた。もう一つある。

ＣＴスキャンの長い待ち時間に、彼の中にマリアとの関係を転換してみようという気持ちが高まってきたのだ。自分のほうから、もっと自分の気持ちを表現したり、自分に正直に関わるようにするか、それとも、彼女と別れて、もっと相性のいい相手を見つけることにするかのどちらかにする。

次の週、面接には新たな活気が生まれた。彼はさらにオープン・マインドになって話をした。彼は自分の決心のうち、いくつかを実行に移した。父や他の家族全体との関係を立て直し、感謝祭の家族ディナーに出席した。一〇年ぶりだった。航空会社は辞め、収入は下がるけれど、弟のグループ特約店のマネジャーを引き受けることにした。ただ、マリアとの膠着した関係に取りかかるのは先延ばしになった。二、三週間すると、セッションの流れは逆戻りし始め、また、前のような漫然としたものになってしまった。

彼の新たな仕事の場所は、今いるところからは遠く、引っ越しが決まっていた。それまでにできるのは三回のセッションである。私は、面接に触媒反応を起こそうとし、彼が死と直面したと感じた心の状態に戻るよう試みた。彼にＥメールを送り、そこに、彼がかつて救急治療室に入ったあと、オープン・マインドになっていた頃のセッションの面接メモを貼付した。

この方法は、これまでも使っていて、クライエントに前の心の状態に戻るのを促すという良い結果を得ていた。また、この何十年、私は自分のグループ療法のクライエントにセッションのまとめを書いて送っていた。しかし、彼の場合は、予想もしない結末になった。彼は、相当に怒ったメールを送ってきた。私の意図は懲罰的なものだとし、私への批判一色だった。自分がマリアとの関係に何もアクションを起こさないことに関して、私が長々とお説教をしていると映ったようだ。振り返って気づいたことは、彼との間には十分に安定した面接関係を創りきれていなかったことである。安定的でない関係には疑惑が混入しやすく、それが競争的な関係を誘発しがちである。要注意だったのだ。こうなってしまったら、いくら、こちらの配慮や意図を説明する努力をしても、回復は難しい。なぜなら、クライエントはセラピストにやり込められたと感じ、それに反発して、なんとしてもセラピストに反撃する道を見つけ出そうとするだろうから。

〈いま・ここ〉の作業をする

もし親友がいたら、セラピストは必要とされるだろうか。こうした問いをしばしば聞く。良き人生には、親友は不可欠である。さらに言えば、もし、その人が良き友に恵まれたり、（もっと言えば）親密な関係を持続する力があるならば、心理療法を必要とする程度はずっと低くなる。では、良き友とセラピストとの違いはなんだろうか？　良き友人（あるいは、行きつけの理・美容師、マッサージ師、ジムのトレーナー）はあなたを支持し共鳴してくれる人でもありうる。必要な時に頼れる当てになる人、世話を焼いてくれる人でもありうる。しかし大きな違いが一つある。セラピストだけが、〈いま・ここ〉という場で、あなたと出会うことが可能なのである。

〈いま・ここ〉での応答関係（つまり、二人の間で今起きているそのことを話題にすること）は、社会生活では、まずない。人がもしそうする時は、それはとても密接な関係の現れか、切迫した確執の突出（たとえば、「あなたの私を見つめる目が嫌だ」）、あるいは親子のやや棘のあるやりとり（「私が話しているのに、ほかを見ないで！」）などだろう。

面接の中では、〈いま・ここ〉は、今まさにセラピストとクライエントとの間に起きていることに焦点が当てられる。それは、クライエントの歴史的過去（あの時・あそこ）でもなく、クライエントの現在の外的生活（いま・あそこ）への注目でもない。

ではなぜ、〈いま・ここ〉が重要なのだろうか？　心理療法の訓練の際、その前提となるのは、面接は人間関係のミクロコスモス・小宇宙だということである。つまり、クライエントは、自分のしている実際の生活と同じ言動をすることになる、のである。

その人が、控え目だったり、傲慢だったり、怖がっていたり、人目を引こうとしたり、要求がましい場合、遅かれ早かれ、面接の間に、セラピストに対して同じ行動を見せる。ここで初めて、セラピストは、それを面接関係の中に立ち現れてきたテーマとして、クライエントの側から焦点を当てることができる。

これは、自分の人生の苦境に対する責任をクライエント自らが引き受けるよう助ける、最初のステップである。究極のところそれは、もしも自分の人生で、何かまずいことが起き、それが自分のせいだとしたら、それを変えることができるのは自分だけだ、という基本的な考え、それをクライエントが認めるに至るまでの作業といえる。

さらには――ここがとても重要なのだが――〈いま・ここで〉という場でセラピストが得た直接情

報は、じつは極めて正確なのだということである。一方、クライエントはしばしば他者——恋人、友人、上司、先生、両親——との間で起きたことをたくさん語る。がしかし、セラピストは、クライエントの目を通してしか、そうした他者（とクライエントとの間のこと）を知ることはできない。それらは全て間接の情報であり、語り手に固有のバイアスをもつ。

私は、クライエントがある人物、たとえば配偶者について語るのを繰り返し聞いてきたとしよう。そして、夫婦で会うことになったセッションで実際にそのパートナーに会うと、戸惑いのあまり、横に首を振ることになる。この好もしく明るい人が、クライエントの語っていた、人を苛々させ、生気がなく、思いやりのない人と、はたして同じ人物なのだろうか、と。

セラピストは、面接の中でのクライエントの振る舞いの観察を通して、彼らのことが十全にわかるようになる。これはセラピストにとって、これ以上ない、最も信頼に足る情報である。つまり、セラピストはクライエントとの直接的な経験によって、その人がどんなふうにこちらに関わってくるかを経験する。こうして、クライエントがどんなふうに他者と関わるらしいかが見えてくる。

面接の中で、〈いま・ここ〉が適切に用いられるなら、安全な実験室が創り出される。そこでは、クライエントは冒険ができ、一番暗い自分も、一番明るい自分も出せるうえに、セラピストからのフィードバックを聞き、それを認めることさえも可能になる。そして——ここがもっとも重要なところなのだが——自分を変える実験も可能な舞台になるのである。セラピストが〈いま・ここ〉に焦点を当てようとするほど（私はどのセッションでも自分がそうしているかを確かめる）、セラピストとクライエントは、親密な信頼関係の中で、よりしっかりと結びつけられる。

よい面接は、独特の抑揚を持っている。クライエントは、これまでに否認したり抑制してきた気持ちを表に出すようになる。セラピストはこうした暗い気分や繊細な情緒を理解し、受容する。それに支えられて、クライエントは安全感や承認された感覚を持ち、そこからさらに大きな冒険に踏み出すことができる。親密さ、つまり〈いま・ここ〉が創り出す結びつきによって、クライエントは面接プロセスに気持ちを集中させる。それによって、自らの過去を振り返り、他者との関係の中で自分を再生しようとする内なる場が創り出される。

もちろん、セラピストとよい関係を結ぶことが、面接の最終目標ではない。クライエントとセラピストは実際の交友関係を持つことはまずないが、両者の関係の場は、クライエントの外的な社会関係に対する稽古の舞台として用いられる。

私は、セラピストはすべてのセッションが大事なものとなるよう、最大の努力を払うべきだ、というフリーダ・フロム＝ライヒマンに賛成である。そうしたセッションになるためのカギは、〈いま・ここ〉の力を利用するところにある。〈いま・ここ〉という作業の具体的な進め方については、すでに別のところで詳しく述べた。したがって、以下では、その肝要なステップに絞る。この作業の際に、死の不安が中心に据えられないことも多い。そうなると、かえって死は逃れられないものという怖れを巡ってのセッションが増える結果となり、セラピストの収入増に貢献するのみに終わりかねない。

〈いま・ここ〉の感受性を養う

マークとのセッションで〈いま・ここ〉に焦点を当てるのは、それほど難しくはなかった。彼は面接にやって来る途中に、つい、ルースのことを思い出すことになってしまう、と言った。私はまず、この点を巡って、いくつか尋ねた。そのあとで彼の言動が変わった（たとえば、彼が個人的な質問を私にしてきた）ので、このことを振り返ってみた。しかし、セラピストなら、もっと微妙な変化も取り上げる必要があるだろう。

私は自分が臨床をする中で、クライエントのさまざまな言動に関して、それを理解する視点をいくつか用意し、そこを外さないようにしている。たとえば、彼らが駐車する場所についてである。この一五年間、私の小さなオフィスは、自宅から六〇メートルほど離れたところに建っていて、広い通りから細長い車道へ入ると、玄関にたどり着く。自宅とオフィスとの間は、どこでも駐車できるのに、クライエントによっては、そこにではなく、わざわざ、ずっと離れたところに駐車する。そこはごく普通のところである。その理由を尋ねてみると、彼らの都合がよくわかる。

あるクライエントは、自分の車を私の家の近くに駐車しているのを見られたくないと答えた。それは彼が、誰かに、おそらく私の自宅へ来た人にその車が自分のだと気づかれ、精神科医の診察を受けていることが知れてしまうのを惧れていたからである。私の私的な場所に立ち入りたくないと言ったクライエントもいたし、私がその人の高級車、マセラッティに気がついたことにどぎまぎしたという人さえいた。こうした事情は、いずれも面接でのクライエント＝セラピスト関係と密接に関わっている。つまり、一見、クライエントが随意に駐車しているようにみえても、クライエントから見た私との関係の反映なのである。これも、その一つである。

外なる素材から内なる素材へ

経験を積んだセラピストなら、セッションの中で立ち現れるどのテーマからでも、〈いま・ここ〉のテーマに入っていける準備状態を創ることができる。クライエントの外的な生活や遠い過去から出発し、〈いま・ここ〉のテーマへと進むなら、この面接へのクライエントの関与の度合いと有効性が上昇する。エレンは四〇歳で、死の恐怖のパニックがあり、一年前から会い始めた。その中のあるセッションを取り上げ、面接の見通しを示してみたい。

不平不満は言いたくないんです――エレン――　具合が悪くて、キャンセルの電話をしようか、ずっと迷ってました。エレンは、こんなふうに切り出した。

「今も相当悪いのかな？」。私は尋ねた。

彼女は肩をすくめ、答えた。「少しはいいんです」

私が「あなたが具合悪い時には、家の方（かた）はどんなふうにするの？」と尋ねた。

「夫は私の世話などしてくれません。私が具合が悪いことなんて、気がつかないんです」

「で、そんな時は、どうしてるの？」

「彼に文句を言ったことはありません。でも病気の時には、彼が何かしてくれるのは嫌じゃないんですが」

「ということは、何か世話はしてほしいんだけれど、頼んだり、そんな素振りを見せなくても、してほしいということね」

彼女は頷いた。

ここまでくると、選択肢がいろいろ出てくる。たとえば、夫が彼女の世話をしない事情に話を向ける、彼女の病歴をたどる、などである。ここでは、その方向ではなく、〈いま・ここ〉へとシフトすることにした。

「では、と。どうしようかね？　僕はここではあなたのことを世話をするのが仕事なんだけど、ここに来ても、あまりあれこれと、不満を言わないよね」

「今日は体調が悪く、ずっとキャンセルしようと思っていたって、言いましたよ」

「で、僕が気分はどうか尋ねると、肩をすくめてそれ以上は特に何も言わなかったね。もし、その時に言いたいこと、してほしいことを口にしてたとしたら、それはどんなことになるかな？」

「そんなことをしたら、物乞いみたいでしょう」、彼女はすぐさま答えた。

「うん？　物乞い？　ここでは、あなたは料金を払っていて、僕は世話役が仕事だよね？　そこのところを、も少し説明してくれないかな？　『物乞い』で思い出したこととか」

「私たちはきょうだい四人でした。家訓の基本は、不平・不満を言わない、でした。『大人になるんだ――泣き言は言うな』。義父の声が今でも聞こえてきます。その言葉を彼の口から何度聞いたかわかりません。母はそれにダメ押しをしてきます。彼女は、再婚は運がよかったのだと思っていて、だから子どもたちに彼を怒らすようなことはしてほしくなかったんです。私たちの存在は、明らかにお荷物でしたし、義父という人はひどく狭量で、粗野な人でした。私が一番避けたかったのは、彼の注意を引くことでした」

「なるほど。で、あなたはせっかくここにやってきたのに、やはり口をつぐんでしまう。そう言えば、思い出したことがあるな。数カ月前、あなたは頚部に何かあって首にコルセットをしていた。だけど、結局それを話題にすることはなかった。痛みがあるのかどうかもわからず、どうしようか迷ったのを思い出したよ。不平不満は口にしないんだね。で、僕にそれを言ったとしたら、何か心配になる？」

エレンは座りなおして、花柄を散らしたスカートのよれを延ばし――彼女はいつも手入れの行き届いた服を着て、きちんと身づくろいをしていた――目を閉じて、深く息を吸い、こう言った。「これまで言わなかったのですが、二、三週間前に夢を見ました。私はここのオフィスのトイレにいて、生理のために出血し、それを止めることも、きれいにすることもできなかったんです。血は靴下まで流れてきて、スニーカーにもシミをつけてしまいました。あなたはドアの向こうのオフィスにいるのに、どうかしましたか、とも聞いてくれません。そこでは声がしていました。次のクライエントか、お友だちか、奥さまだったんでしょうか」

この夢には、彼女にとって恥ずかしく、汚れ隠されてきた部分が、ついには面接の中に漏れ出ることへの心配が現れている。けれど、彼女にとっては、私は自分に関心を向けてこない人になっている。というのも、私は、彼女にどうしましたかとも聞かず、別のクライエントや友人のことで忙しく、彼女に手を差し延べる気もなく、できもしない。

エレンがこの夢を私に話せたことで、私たちは、次なるステージへと進み出た。そこには、男性への不信感や恐怖、私との近さがもたらす怖れといったテーマが横たわっていた。

この節では、面接で〈いま・ここ〉を取り上げる時の重要な原則、つまり、クライエントが日々の生活のことを話題にした場合も、それを〈いま・ここ〉のテーマとして捉える、つまり、そのことは今の面接場面にも起きていることと捉えて話題にする、その様相を描いてみる。たとえば、エレンが自分の病気の問題と夫が世話をしてくれないというテーマを口にした時、私がこの世話の話題にすぐさまチューニングしたのは、その例のひとつである。

〈いま・ここ〉を終始、意識する

私は少なくともそのセッションに一回は、〈いま・ここ〉を確認することにしている。時にはこんなふうに言う。「そろそろ終わりに近い。そこで、私たち二人は、今日はどうだったかに目を向けてみようか。今日のこの場は、どんな感じだったかな？」とか、「今日は、私たちの間の距離はどれくらいかな？」と。そんなふうにしても、特に何も起こらないこともある。ただ、たとえそうだったとしても、このように誘うことで、私たちの間に起きていることは、そのどれを取り上げてもよいというルールができる。

しかしとりわけ、その日に目立ったこと――たとえば、「どうも、私たちは先週と同じことを、繰り返し話しているんじゃないかな。どうだろう?」とか、「そういえば、この二、三週の間、死の不安のことは話してないよね。そのことは、どう思う? もしかして、そのことは話しすぎたとか思っている?」、あるいは「今日のセッションは、最初から、お互いよくわかるなと感じてたんだけど、最後の二〇分間くらいは、少し違うな、と。そこはどうかな、同じだろうか?」――こうつけ加えることで、意外なことが語られることも少なくない。

現今の心理療法のトレーニングは、ほとんどが短期の構成的な面接志向になっている。そのため、多くの若いセラピストには、〈いま・ここ〉の関係に焦点を合わせる私のこのアプローチが、的外れだとか、わざとらしいとか、奇異なものと見えているかもしれない。彼らはしばしば、こんな質問をしてくる。「どうしてそんなに自分のことを言うんですか?」「なぜ、セラピストとの面接だけの関係に、何もかも結びつけるんですか? 面接の中でクライエントに人生の備えをさせるのは、結局は私たちの仕事ではありません。外には厳しい現実があり、クライエントはそこでこそ、競争や不和、過酷さに向かうのですから」と。

これへの答えは、パトリックの事例に示されている。つまり、どんな面接であれ、積極的に面接関係を創り出すことこそ、面接を効果的にするための前提条件である。それは目的ではなく、手段なのである。クライエントの内的世界に大きな変化が引き起こされるのは、セラピストがジェニュインネス（genuineness）を保持し、自身の中に起きるさまざまな気分を自分に対して隠すことなく、同時にまた、自らの感覚に基づいて（authenticity）クライエントと応答を繰り返すことによって、クライエントがセラピストに承認されたと感じる関係が創られる時である。

この場合、クライエントはこれまでにない新たな自分を経験する。それは自分がこれまで否定したり、歪曲してきた自分と出会う経験となる。クライエントは、他人の見方に頼るよりも、自分の見方のほうに価値があると感じるようになる。クライエントは、セラピストから向けられていた肯定的関心を自分への関心へと移し替える。さらにクライエントは、先ほどのジェニュインでオーセンティックな関係を、自分自身と自分との間にも発達させていく。

セラピストと経験した親密さの感覚は、内的な拠りどころとして役に立つ。自分には関係を創り出す力があると知ると、クライエントは、これから先、他者とも同質の良き関係を作ることに自信や意欲を得るのである。

〈いま・ここ〉の感覚を、いつ、どう使うか

セラピストが使える最大有効なツールは、クライエントに対する自分自身の反応である。もしもあなたが面接場面で、怯えや怒り、また、誘惑の願望を感じたり、狼狽・当惑したりなど多種多様な気持ちを感じるなら、そうした反応は自分の内なる、何より重要なものとして扱うべきだろう。これらは大事な素材であり、それを面接の中で有効なものとして使う道を探る必要がある。

ただ、私が最初に訓練生に言っているのは、まず、そうした反応（情動）の基となっているものを見つけねばならない、ということである。あなたの抱える特異的あるいは神経症的な問題が、どの程度、その反応に含まれているのか？　すなわち、あなたは正確な観察者となって自分のその反応をもとに、クライエントや自分自身を把握することができるのか？　こうした点について作業がなされる必要がある、という意味である。

私が訓練生に言い続けているのは、あなたたちが使うことのできる唯一の道具は自分自身であり、それゆえ、その道具は磨き上げておくべきだということである。セラピストなら、自分自身について多くのことを知っておかねばならないし、自分の観察したことを信じ、そして、専門家としての配慮をもってクライエントと関わる必要がある。個人心理療法があらゆる対人援助トレーニングプログラムの核である（べきな）のは、まさしくこの理由による。私の考えでは、セラピストはトレーニング中に、（集団療法を含む）個人療法を受ける機会を持つだけでなく、その後もセラピストとして絶えず自分を更新しながら、面接へと向かうべきだとも思っている。ひとたびセラピストとしての自分自身への信頼、自分の目から得た情報やその客観性への信頼を獲得すると、あとは確信を持って、そのクライエントをめぐる自分の情動・感情を、自由に使えるようになる。

「あなたにはひどく失望しました」――ナオミ――

英語教師を引退した六八歳のナオミは、死の不安が高く、重度の高血圧と、あれこれ身体の不定愁訴を抱えていた。彼女とのあるセッションでは、

〈いま・ここ〉の感覚を開くことについて、多様なテーマが現れた。その日、彼女はいつもの暖かな微笑みをたたえ、私のオフィスに入ってきて腰を下ろした。彼女は頭を高く上げ、私をまっすぐに見た。その声にためらいはなく、以下のような驚くべき痛烈な批判が始まった。

「私は、あなたの前回の反応にひどく失望しました。がっかりです。あの時、あなたは私と一緒にいてくれる感じがしなかったし、私の気持ちにも応えてくれませんでした。私くらいの年齢の女性だと、あそこまで胃腸が弱るとどれほど怯えるものか、そしてそれを話題にしただけでどんな気持ちになるか、まったく考えてくれていませんでした。私はあのセッションのあとで、何年か前のある事を思い出しました。厄介な病変が陰部にできて、いつもの皮膚科に行った時のことです。その日、医師は自分の医学生全員を陪席させ、診察の様子を見せたのです。ぞっとしました。そう、その感じはあのセッションとまるで同じです。あなたは失格よ」

私は茫然とした。この場合、どんな応答が最善なのか、ゆっくりと考えを巡らせながら、頭の中は前回のセッションを高速回転で再現していた（もちろん、彼女が来る前にケース記録は読んでいた）。私の見解と彼女の言い分には、ひどく差があった。あれはとても上手くいったセッションだった。そう思っていた。彼女は、自分の老化した体や、おなら・便秘・痔といった消化器系のトラブルに、ひどく気落ちしていること、そして、子どもの頃にされた浣腸を自分でするなんてとてもイヤだと、やっとの思いで口にしていた。こうしたテーマを話題にするのはたやすいことではない。だから私は、彼女がこれらを自ら話題にしたことに敬服すると言った。

彼女は、自分の心臓の不整脈に処方された新たな薬のせいで症状が起きていると言うので、私は、前のセッション中に『ＰＤＲ：医師のための医薬品集』を取り出して副作用をチェックした。そのときに、彼女が持つあれこれの医原性のトラブルに加え、さらに一つ苦痛が増え、気の毒に思ったことを思い出した。

で、ここをどう立て直すか？　前回のセッションの流れに戻すべきか？　理想化された私への期待から見直してみるのがいいのか？　お互いの前回のセッションの感じ方がひどく違うことに注目すべきなのか？　しかし何か私を押すもの――私自身の気持ち――があった。私の中でナオミに対する大きな苛立ちがせり上がってきた。私は思った。彼女は、自分の言ったことがこちらをどんな気持ちにさせるかまったく顧慮せず、まるで女王のように断を下すのだ、と。

ただ、これは今回が初めてのことではなかった。私たちの三年にわたる面接の中で、彼女は何度かこうしたセッションの始め方をしていた。が、私がこれほど苛立ったのは初めてのことだった。じつは、先週、彼女のトラブルをチェックするのに胃腸科専門の友人にわざわざ問い合わせ、結論を得ていた（が、時間がなく、それを彼女に伝えていなかった）、そのこともあるのだろう。

私がいまどう思っているか、彼女に伝えておくのは重要だと考えた。一つには、彼女が私の気持ちの苛立ちに気づいているとわかったからだ。つまり、彼女には並はずれた鋭さがあった。同時に、私が彼女にイラついたように、まわりの誰かもきっと同じようになるだろう。そうも思ったからである。セラピストの苛立ちを聞いたら、それに圧倒されるかもしれないので、ここは穏やかに進めることにした。

「じつは、今の話に驚いていて、心が揺らいでいるよ。あなたの言い方は、とても、そのぉ…とても…尊大に響くんだ。先週、私は自分に可能なことすべてを提供しようと精いっぱいやった。そう思っている。もっと言うと、あなたが今日のように極めて批判的にセッションを始めたのは、今回が初めてではない。で、もう一つ言えば、ほかの時には何度も、今とまったく逆の態度で始まる時もあった。一方、私がこんな応答ではダメなのではと思ってしまうようなセッションでも、あなたのほうは、とてもよかったと感謝を表わしてくれた」

ナオミはびっくりしているように見えた。彼女は眼を大きく見開いていた。「私は、自分の気持ちを話しちゃいけないって言う意味？」

「いやいや、そうじゃないよ。私たちのどちらも自分を検閲すべきではないということなんだよ。私たちに必要なのは、気持ちを共有し、そして、そうなる理由をじっくり振り返ってみることだからね。ただ、今回は、あなたの話が、私にはとりわけコタえた。別の言い方もあったのでは、と思う。たとえば、先週はお互いにあまりうまくいかなかったんでは、とか、自分にはぴったり来なかったが……というふうに」

彼女は金切り声をあげた。「聞いて！　私は少しずつバラバラになっていく自分の身体にイラ立っているのよ！　心臓の冠状動脈には二本もステントが入っていて、ペースメーカーの音がいつもドクドクと聞こえてくる。片方は人工股関節、もう一方は激痛が走る。薬を飲んだら豚のように腸が膨らんで、人前でガスが出てしまう。屈辱そのものよ。ここでは、こんなこと話しちゃいけないの？」

「あなたの身体に異変が次々と起きると、どんな気持ちになるものかと想像してたよ。その苦痛のこと、先週もいろいろ話したよね」

「それで、あなたの言う〝尊大に〟って、どんなことなの？」

「まっすぐ私を見ながら、あたかも断を下すかのような話し方だった。その言葉で、こちらがどんな思いになるか、まったく関心がないようだったね」

彼女の顔に翳りが射した。「私の言葉や態度、あなたに対する話し方に関しては」――と、忌々しげに――「そうよ、あなたがそうさせたのよ。あなたのせいよ」

「いま、ずいぶんと気持ちが高ぶってるのかな」と、私が言いかけた。

「ええ、あなたに批判され、とても動揺してます。私は、ここではいつもとても寛いでた。ここは、私が自由に話すことができた、たった一つの場所。でも、怒るくらいなら、口をつぐんでなさいって言われ、動転しています。これは、私たちのこれまでの面接じゃない。うまくいく方法なんかじゃない」

「僕は、あなたに口をつぐんでほしいとは言ってないよ。ただ、僕に言ったあなたの言葉がどれくらいインパクトがあったか、知ってもいいんじゃないかな。私に黙っていてほしいわけじゃないだろうから、言ってみるよ。あなたの言葉には影響力がある、ということ」

「どういうことです？」

「つまり、今日のセッションの冒頭、あなたの言葉で、あなたとの距離が前よりも遠くなったと感じてしまったということ。これはあなたの望むところじゃないよね？」

「どういうことです？　よくわかりません」

「私にはジレンマが起きている。私に、近くにいて親密な感じでいてほしいのはわかる――あなたも何度も言ってるしね。けれど、そうしようとしても、あなたの言葉から、こちらは用心深くなってしまった。近づきすぎて噛みつかれないよう、要注意。そんなふうになってしまった」

「今、それを聞いて、何もかもが変わってしまった」と、彼女はがっくり頭を垂れながら言った。「もう、これまでとは全然、違うわ」

「今、私が感じている気持ちは変えられないと思っている？　もう動かせない、って？　ところで、憶えているだろうか。去年、あなたがどうしても一緒に映画に行きたいと言い張ったことで、友人のマージョリーが怒っていた時のこと。あなたは、彼女はもう絶対に口をきいてくれないと怯え、ひどくうろたえていたよね？　その後、あなたたちは話し合い、友だち付き合いを再開した。そして、二人はこれまで以上に親しくなった。だから、気持ちは変えられるんだよ。

もう一つ、思い出せるかな。この場は、他のどこよりも物ごとを徹底して考えてみるようにガイドすることもあるということ、ね。なぜかっていうと、ほかとは違って、私たちには特別なルール――何であろうとそれを話題に出し合う、というルールがあるから」

私は続けた。「ただ、ここでの出発点は、あなたの怒りのテーマだった。『あなたがそうさせた』と言われ、それが相当に強烈だった。ズシンとコタえたよ」

彼女は答えた。「とても驚いています。それにどれだけ圧倒されたか。怒りが、いえ……怒り以上の……激怒が、私から噴き上げてきたのです」

「ここで僕といる時にだけ、そうなるのかな？　あるいは別のところでもそうなるの？」

「いや、ここであなたといる時だけじゃないんです。どこでも、噴き出すんです。昨日も、かかりつけの医師のところに、姪が車で連れて行ってくれる途中、植木屋のトラックがエンストを起こして道を塞いでました。私はその運転手にムカッと腹が立ち、打ちのめしてやりたい気になりました。彼を探したんですが、見つかりません。すると今度は、姪に腹が立ってきました。トラックの横を回り込んで――たとえ歩道の縁石に乗り上げてもスリ抜けられるはずなのに、姪は道幅が足りないって言うんです。私は譲らず、車の外にまで出て、言い合いになりました。彼女は自分の歩幅で道を測り、無理なのを、なんとか証明しようとしました。それに、歩道の縁石は高すぎて、とても越えられないと。彼女は言いました。『落ち着いて、おばさん。植木屋さんだって、なんとかしようとしているのよ。こんなことになって困ってないはず、ないでしょ！』それでも私は収まりません。怒りに火が点いたまま、『なんで私がこんな目に遭うの！　ひどいじゃない！ちゃんとやってないじゃない！』って、ずっとカッカしてました」

「ええ、そうなんです、姪の言う通りなんです。運転手は二人の手助けを連れ、アタフタと戻ってきて、トラックを三人で押して道を空け、私たちはやっと通れました。恥ずかしかった――私はすぐにわめき散らす老人だと思うと。怒りは、どこででも――注文のアイスティをすぐに持ってこないウェイターにも、駐車場のノロノロ案内係にも、映画館のチケット係がお釣りでモタつく時にも――出てきてしまいます。まったく！　あれだけ時間があったら、私がディーラーなら車の一台くらい売ってやるわよ、ってね」

終わりの時間が来た。「残念だが、今日はこれで終わろう。今日はこんなにも強い気持ちが噴出してきた。これはあなたには居心地のよいものではないと思う。が、大事な作業だから、来週もこれを続けることにしようじゃない。あれほどの怒りが出てくる事情をつかむのに、お互い知恵を出し合えるようになってきたしね」

ナオミは同意した。が、彼女は次の日に電話してきて、とても不安定で来週まで待てないと言う。そこで、翌日のセッションを約束した。

彼女はいつもとは違うやり方でセッションを始めた。「ディラン・トマスの詩『静かに行ってしまわないでくれ Do Not Go Gentle』をご存知でしょ？」

私の返事も待つ間もなく、彼女は最初の数行を朗誦し始めた。

いつもの如く「おやすみ」と言って、静かに行ってしまわないでくれ
老人なればこそ、日の終わりに燃え立ち、怒号投げるべし
消えゆく光に抗するもの、それは怒り、怒りだ
終焉に立つ賢者なれば、暗闇こそ正者と知れ

そのもの達の言葉とて、稲妻の炸裂が起きること、ついになし
それゆえにこそ、彼らとて
いつもの如く「おやすみ」と言って、静かに行ってしまうことなどない

「まだできますけど。諳んじていますから。でも……」と言って、彼女はそこまでにした。ああ、お願いだ、続きを頼む、と私は心の中で叫んだ。彼女は詩を流麗に朗誦した。私には、詩が朗々と読み上げられる、それを聴くこと以上に好きなものは、そうない。お金を払ってくれたうえに、こんな楽しい思いまでさせてもらえる、なんとも妙な具合だ。

「この詩連には、私の怒りについてのあなたの――いえ、私たちの疑問に対する答が含まれています」。彼女は続けた。「昨夜、セッションについて考えていた時、ふっと、この詩が浮かんできました。変な話ですけど、私は何年もの間、この詩を第一一学年の英語の授業で教えてきたのに、言葉の本当の意味を考えてみることも――少なくとも、それを自分に当てはめてみることさえも、ありませんでした」

私は言った。「あなたがどこへ向かおうとしているのかわかる気がする。が、私はそれをあなた自身の口から、聞きたいんだよ」

「えーっと、いや、私の怒りは、今の私が置かれた状況そのものに向けられたもの。その確信があります。私が衰弱し、死を迎えるのはそう遠くありません。すべてのものが私からなくなっていきます――お尻、腸の機能、リビドー、筋力、聴覚、視覚。私は弱って、無防備のままに、死を待ってい

るんです。私は、ディラン・トマスに倣って、静かに行くつもりなどありません。自分という日の終わりに、怒鳴り散らし、激怒しているんです。そして、激情に満ち、同時にまったく無力な私の言葉の数々など、稲妻の炸裂には到底及ばないんです。

私は死にたくない、だから、怒ることが助けになるはずだと思っています。怒ることの唯一確かな機能は、偉大な詩に息吹を吹き込むことではないでしょうか」

このやりとりのあと、われわれは、怒りの背後にある恐怖について、これまで以上に深く、また手応えよく、踏み込んだ話をした。死の不安を鎮めるための彼女（とディラン・トマス）の戦略は、自分の体が朽ちていくことと、その無力感に立ち向かう力を引き出した。が、自分が生体の内なる循環に支えられているという感覚が失なわれた今、それはたちまち逆の作用をもたらすこととなった。

実際に有効な心理療法ならば、目に見える症状（ここでは、怒り）だけでなく、症状となって突然、吹き上がってくるその基になっている死の不安にも、対処せねばならない。

私は、思い切ってナオミの態度が尊大だと伝え、彼女の言葉のもたらす結果に、眼を向けさせようとした。この場合、私には大きな安全の担保があった。私たちは長い時間をかけて親密な信頼関係を築いてきた。誰だろうと、おそらくとりわけセラピストからの否定的なコメントは嬉しくない。したがって、それが受け止められるよう、ステップをいくつか踏んだ。私は彼女の気持ちを害さないよう、言葉を選んだ。たとえば、私は「隔たり」を感じたと言ったが、それはもっと近づいて親密になりたいという意味である。それを突っぱねる人はいないだろう。

さらに（これは重要なことだが）、私は彼女の全体を批判したのではなく、その行動の一部に限定して言った。つまり、彼女がこれこれのやり方で振る舞うと、私はこう感じてしまうことになる、というふうに。そして、こうも付け加えた。私があなたに距離を感じ、動揺し、また、あなたを怖れる、そんなことを望んでいないはず。そうなってしまうのは、間違いなくあなたの利益に反すると。

彼女との面接で、私が共感に力点を置いていたことは、心に留め置いてもらいたい。これは効果的で一貫した面接関係には欠かせないものである。セラピストの効果的な言動についてのカール・ロジャーズの考え方の中で私が重要と考えていたのは、（無条件の肯定的関心、ジェニュインネス genuineness と並んで）セラピストの的確な共感だった。私が思うに、共感という作業は**双方向のものである。**つまり、セラピストはクライエントの経験世界を想像、内省するだけでなく、**クライエントの持つ共感の能力が発揮されるよう、アシストせねばならない。**

一つの有効なアプローチは、「あなたの話が、私にどんな感じを引き起こしたか想像してみて！」と言ってみることである。このようにして、彼女に自分の言ったことが相手に何を喚起したかわかるよう、注意を払った。彼女の最初の反応は、「先生がそれを言わせた」という、怒りから出てきたものだった。が、後になって自分の言葉を振り返ってみて、自身の辛辣な話し方や話した内容に動揺する。セラピストにネガティヴな感情を引き起こしたのだとわかって、たまらない気持になり、自分がここの安全で支持的な面接空間を危ういものにしてきたのでは、との危惧を抱くに至った。彼女は相手のことを想像することができるようになったのである。

セラピストの自己開示

セラピストは自分を顕わにすべきだろうか――私がナオミに試みたように。セラピストの自己開示は単純なものではなく、また、異論のあるテーマでもある。私がセラピストに、もっと自分自身を顕わに示すように少しでも勧めると、その熱心さに当惑する人たちがいる。それは、ときに彼らの神経をイラ立たせ、自分たちの個人的な生活にクライエントが侵入してくる、という恐怖を引き起こすようだ。私はこうした異論の一つ一つに答えようと思う。私はセラピストが無差別に自分自身を顕わにすべきだと言っているのではない。セラピストの自己開示はそれがクライエントにとって価値があると見込める場合にのみ、なされるべきだろう。

セラピストの自己開示はたった一つの次元から考えるべきではないことも心に留め置いてもらいたい。ナオミの事例では〈いま・ここ〉を軸にセラピストの自己開示がなされる。しかしそれに加え、セラピストの自己開示には他に二つのカテゴリーがある。面接という場面の構成に関わる開示と、セラピストの過去や現在の個人的生活に関する開示である。

面接という場の構成に関わる開示

私たちは、心理療法という関わり方がどんなものかを公開し、透明性を持たせる必要があるだろう。小説『カラマーゾフの兄弟』の大審問官は、「人間が真に望むものは魔法、神秘、そして権威だ」

と信じていた。実際、かつてのヒーラーや宗教者たちの中には、そうしたなんとも言いようもないものを溢れるほど浴びせかける人たちもいた。シャーマンたちは魔術と神秘に精通していた。かつて医師は白衣に身を包み、なんでも知っているように振る舞い、ラテン語で記される荘厳な処方箋で患者を眩惑していた。さらに最近では、セラピストたちは、あいかわらず――口数少なく、深く響く声で解釈をし、自分の免状やあれこれの先生・先達の肖像画を壁に懸けて――クライエントと距離を置き、彼らより上に居続けている。

今日でさえ、面接とは何をすることかを大雑把にしか説明しないセラピストもいる。そうするのは、セラピストが自分を開示しないことで、さらに転移の形成が促されるとするフロイトの考えを受け継いだことによる。フロイトは、患者の内的世界と幼児期の経験について貴重な情報を提供してくれるゆえに転移を扱うことが重要だと考えていた。

しかしながら、私は、面接のプロセスを明示することで、セラピストは多くのものを得る一方、失うものは何もない、と考える。個人セラピーとグループ・セラピーの両方についての信頼できる研究によれば、クライエントに対してシステマティックに、そして十二分に面接の準備をするセラピストのほうが面接はよりよい結果に至る、という結論が得られている。転移について言えば、それは逞しい生命体であり、たとえ面接の場が白日の下に曝されても、それは形成され、展開されていくと考える。

したがって、私個人で言えば、面接という場の構成について隠すところはない。面接とはどんなふうにすることか、そのプロセスでの私の役割は何か、そしてとりわけ大切なことだが、面接を進めるためにクライエント自らは何をすればよいか、これを伝える。また、その必要を感じたら、迷うことなく、心理療法に関する出版物も推薦する。

さらには、なぜ私が〈いま・ここ〉に焦点づけるのかを、できるだけはっきり説明するようにしている。そして、初回のセッションであっても、クライエントと私はこの場をどんなふうに進めていくかを話題にする。たとえば、次のように投げかける。「あなたは私にどんな期待を持っているんだろうか？　その期待に合っているところとか、合ってないところって、どこかな?」「私たちは、やり取りがズレてる?」「私に対する気持ちで、話題にしておかねばというのがあるんじゃない?」

私は次のようなことを言いながら、質問を続ける。「そのうちあなたは、私がしょっちゅうこんなことを言うのに気がつくと思う。私が〈いま・ここ〉という質問をするのは、私たちの関係に目を向けてみることで、有益・正確な情報が得られると思うからなんだ。だから、あなたの友達や上司、パートナーとの間に起きたことを話してほしい。しかし、そこには必ず限界もある。私自身はその人たちのことを直接には知らないし、あなたのほうは、自身のバイアスを持った情報を提供することになる。このことは私たち皆に当てはまり、そこは解消できない。ただ、この面接室の場で起きることそのものは確かな事実だ。そして、私たち二人はここで体験したことなら、即座に、また、一緒に取り扱える」

私のクライエントは皆、この説明を理解し受け入れてきてくれた。

セラピストの個人的な生活の開示

自分の個人的な生活の扉を一瞬でも開けてみてはどうだろうか。それを怖れるセラピストもいるかもしれない。そんなことをすれば、クライエントは容赦なく、「幸せなお暮しなんでしょうね？」「結婚生活はどうですか？　仕事は順調ですか？　性生活のほうはどうですか？」と訊いてくる、と。

私の経験からすると、そうしたことは起きない。思いすごしなのである。私はクライエントに、質問があったらぜひしてほしいと勧めているが、これまで誰も、私の生活の個人的な部分を無遠慮に、しつこく知りたがる人はいなかった。もし、そんな事態になったとして、その時には、その質問の背景について話題にすることにしている。

セラピストの皆さんに、もう一度、言っておきたい。自己開示はそれが面接を促進することが見込める場合には、すればよい。クライエントからの圧力に押されてとか、あなた自身がそうしたいからとか、あるいは自分の側の規準を型どおり適用するのではなく。

こうした自己開示は面接の有効性に豊かな貢献をしうるが、複合的な行為でもある。第三章でみたジェイムズ、四六歳のセッションでの語りがそのことを示している。彼は兄が自動車事故で死亡した時、一六歳だった。

ジェイムズからの難問　私はセラピストとして、寛容と無条件の受容とを重要な二つの規範としている。が、未だに偏見もある。私は摩訶不可思議な信念が苦手なのだ。たとえば、オーラ・セラピー、神扱いされる霊的指導者、手かざし、預言者、根拠不明のサプリ、アロマテラピーやホメオパシー（同毒療法）。そしてさらには、アストラル・トリップ、水晶などの貴石によるヒーリング、宗教的奇跡、天使信仰、風水、チャネリング（テレパシー）、透視能力、瞑想的空中浮遊、念力、ポルターガイスト、前世療法、また、UFOの存在や、古代文明を霊的に導き、麦畑に幾何学模様を残し、エジプトのピラミッドを建てた地球外生命体の存在などに関わる奇妙な考えなどが、それである。

それでも、こうした偏見を棚上げし、その人の信念にかかわらず、私は誰とでも面接の作業ができると信じている。しかし、科学では説明のつかないことに熱中しているジェイムズが面接室に入ってきた日、セラピストとしての私の中立性が厳しく試されることになった。彼が心理療法を探していたのは、自分の超常現象信仰のためではない。けれども、ほぼ毎回のように、この話題が出てきた。たとえば次の夢を取り上げて考えてみよう。

私は空中に舞いあがり、メキシコシティにいる父を訪ねていくところだ。町の上空を飛び、彼の寝室を窓から覗き込む。父が泣いているのが見える。訊ねなくても、私のことで泣いているのがわかる。子どもだった私を棄てた、そのことを泣いているのだ。次に私は兄が埋葬されているグアダラハラ墓地にいる。何かの事情で、私は自分の携帯に電話をして、自分のメッセージを聞いている。「ジェイムズ・Gです。苦しんでいます。助けをよこしてください」

この夢を話題にする中で、彼は子どもの頃に家族を棄てた父のことを苦々しく語った。父親が生きているのかどうかはわからない。メキシコシティのどこかで暮しているというのが、最後の消息だった。親らしい優しい言葉やプレゼントをもらった記憶は、一つもない。

数分の間、夢について話をした後で、私は次のように言った。「そうね、この夢は、お父さんに何かしてもらいたというあなたの願い、そしてお父さんがあなたのことを考え、よい父親でなかったと悔いている、その徴しを求める気持ちの顕われのようだね」

私は続けた。「それから、助けを求める携帯電話のメッセージ！　あなたは、繰り返し、助けを求めるのは苦手だと言っていた。最も驚いたのはそこだ。実際、あなたがこれまでにはっきりと助けを求めたのは私が初めてだって、先週、そう言ってたよね。でもこの夢では、素直に助けを呼んでいる。この夢は、その変化の現れかな？　あなたや私のことで、何か大事なことを告げているとも考えられる。おそらくは、あなたが私から手に入れるもの、私に期待しているものと、お父さんへのそれは同じ、ということではないかな？」

「それから、夢の中では、あなたはお兄さんのお墓に行く。そのことについてはどうだろうか？お兄さんの死のことにどう向き合うかについても、助けがいるということかな？」

彼と私とのかかわりが始まり、彼はやがて自分が父親から一度ももらったことがないものは何なのかに気づき、それに憧れるようになった。彼はそのことを認めた。そして、セッションが始まって以降、自分に変化が起きて、自分のことを妻や母親と話すのが、前ほど難しくなったとも言った。

しかし彼はこう付け加えた。「あなたは夢をどう理解するかの一つの方向を言ってくれた。それが当てにならないとか、無意味だってことじゃないんです。ただ、僕にはもう一つ別の、自分にとっては、断然、実感的な見方があるんです。あなたが夢と呼んでいるものは、本当は夢なんかじゃない。じゃ、何か？　それは僕が昨夜、父のいる家や兄の墓へアストラル・トリップをした記憶、記録です」

私がここで気をつけたのは、つい、天を仰いでしまったり、頭を抱え込んだりしてしまわないようにすることだ。彼は、自分の携帯電話に電話したのも記憶だと言っているのだろうか？　ただ、ここで私が、彼を丸めこんだり、互いが信ずることの違いを際立たせたりすると、それは間違いなく逆効果になる。したがって、当面の間、私の懐疑は胸に秘めることとし、彼の世界に入り込んで、魂が浮遊したり、アストラル・トリップとはどんなものなのかを想像してみることにした。同時にまた、彼の信念の源流やその後の流れを、二人でたどってみることにした。

そのセッションの後のほうで、彼は自分の飲酒癖や自堕落さを恥じていることに触れ、祖父母や兄に天国で再会したら、屈辱を感じるだろうと言った。

その数分後、ジェイムズは、こう切り出した。「僕が祖父母と再会する話をした時、あなたは横目で僕をちらりと見ましたよね」

「え、気がつかなかったよ」

「僕は見たんです！　前に、僕がアストラル・トリップの話をした時も、そうだった。本当はどうなんですか。ついさっき、僕が天国のことを口にした時、なんて思ったんですか？」

私たちセラピストがよくやるのは、彼がこんな質問をするに至った経緯を慮って、質問をかわすことで、そうすることもできた。が、ここは正直なのが一番だと心に決めた。おそらく彼は、私が疑いをもっていることの手がかりを幾つか掴んでいるに違いない。そうだとすると、ここで私が否定してしまうと、彼が掴んだ（精確でもある）現実の見方を損ねてしまう。これは反治療的である。

「わかった。では、私の中に何が起きていたか、できる限り話してみよう。あなたが、自分のおじいさんとお兄さんが、今のあなたの生活全部を知っていると言った時には、仰天した。そうした考えは私の信ずるところではないのでね。が、あなたがその話をしている間、私はなんとかしてあなたの体験の中に入り込み、魂の世界、つまり亡くなったあなたの身内の人たちが、あなたの生活や考えをすべて知っている世界、そこに住んでいるというのは、いったいどんな感じなのかを想像していた」

「ではあなたは死後の世界の存在を信じていないのですか？」

「そう。しかし、そうしたことは、確かめられないことだとも思う。それがあなたに大いなる安らぎをもたらしているものであることは想像できる。そして、あなたの心にそうした平安や生きる満足をもたらし、また、人に関わっていく勇気を喚起するものなら、なんであろうと私はそれを否定しない。ただ、個人的には天国で再会するという考えは信じられそうにない。それは願望の産物だと思う」

「では、どんな宗教を信じているのですか？」

「どんな宗教も神も、信じてはいない。私の生きかたは、完全に非宗教的なスタンスなんだよ」

「でも、どうすればそのように生きられるんですか？　神の定めた倫理なしで。次の人生では自分の暮らしをもっとよくするんだと思わないで、どうして今の人生を耐え、意味を見出せるんですか？」

この議論がどこに向かうのか、彼が一番関心を抱いていることに、果たして自分は役立っているのか。私は落ち着かなくなり始めた。が結局、率直に話し続ける方がよいと思いなおした。

「私の真の関心があるのはこの現世で、自分自身や他者のために、それをより良くしていくこと。それが望みということになる。宗教なしで人生の意味を見出しうるのか。これは難問だ。とりあえず私の考えを言ってみることにする。人生の意味や倫理の根源は宗教にあるという考え方には、同意しかねる。宗教・人生の意味・倫理の三つは、本来、結びついたもの――私からすると少なくとも、それらが互いに特別な関係にある――とは考えていない。私は、人に関わることを仕事とし、それを充実した生活だと感じている。たとえば、あなたのような方が、より満足した生活にたどり着けるよう、私は自分のすべてを投入する。私の人生の意味は、いわば、まさにここ、まさに今のこの現実世界からもたらされている。私の生きる意味とは、他の人々がそれぞれ自分の生きる意味を見つけるのを手助けすることにある。来世のことで頭がいっぱいになってしまうと、現世での生活を全うすることが危うくなるのではないか。私は、そう考えている」

ジェイムズが非常に関心を示しているようにみえたので、続けて数分の間、最近読んだエピクロスとニーチェの本の中から、この点を強調している数節を引用し、彼に言った。ニーチェは、心からキリストを称賛していたが、パウロや後の伝道者たちがキリストの真のメッセージを希薄にし、現世を生きる意味を奪い去ってしまったと考えていたこと、そして、彼がソクラテスやプラトンを厳しく批判したのは、彼らが自分の生きている身体を無価値とし、逆に魂の不死を強調して、来世を生きることに心を奪われていた、その点にあること。まさにこの考えが新プラトン主義者たちに引き継がれ、ついには、初期のキリスト教徒の終末論に至った。そんな説明をした。

私は話すのをやめ、ジェイムズを見た。挑戦的な反応があるかと思った。なんと、突然、彼の目から涙があふれ出した。私は、次々とティッシュ・ペーパーを渡し、彼が落ち着くのを待った。

「話をしていいかな。何があって泣いていたんだろう？」

「こういうことになるんでしょう。〈ずっと長い間、こんな会話を待ち続けていた。事柄の奥にあるものについて真剣で知的な会話ができたらと、ずっと長い間、待っていた〉と。私を取り囲んでいる全部のもの、テレビ・ビデオゲーム・ポルノ、こんなものなんて、まったく愚劣。私のやっている仕事、契約のあれこれ・訴訟・離婚調停。そのどれもこれも、ゼニがらみ。全部、クソ。みんな、ゴミ。何の意味もない」

ジェイムズのこの反応は、二人がやり取りしたそのコンテンツ（内容）にではなく、そのコンテキストに、つまりは私が彼のことを真剣に受け止めた、その関係に揺すぶられてのものだった。彼は、私が自分の考えや信念を話したことを贈り物として受け取った。そして、互いのイデオロギーの大きな違いも、重要ではないとわかった。私たちは意見が違うということで、意見が一致した。

彼は私にＵＦＯに関する本を持ってきてくれ、代わりに私は、現代の無神論者リチャード・ドーキンズ（訳注：一九四一〜。イギリスの進化生物学者、動物行動学者）の本を彼に貸した。私たちの関係、私のした配慮、そして父親からは得られなかったものを私が提供したことが、この面接での決定的なものだった。第三章でも述べたように、多くの点で彼の状態は大きく改善した。だが、科学では説明不能な事象に関する彼の信念は揺るがず、それには手つかずのまま面接は終了した。

自己開示にまで追い詰められて

アメリアは五一歳、体格のしっかりした黒人女性で、とても知性的な、しかしシャイなところのある保健師である。私が会う前のことだが、三五年前、彼女はヘロイン依存が二年続いていて、ホームレスだった。そして薬を買うために売春婦をしていた。ハーレムの路上で、ボロを身にまとい、やつれて、まるで統制を失い風紀壊乱した兵士のごとき風情。当時のそんな彼女を見たら、これでは再起不能だと誰もが思ったはずだ。

しかし彼女は、六カ月間、刑務所で強制的な解毒治療を受け、ナルコティクス・アノニマス（NA）[訳注4]の助力を借りて、想像を絶する勇気と生きようとする強烈な意思を発揮し、自分の人生を変え、別のアイデンティティに拠って生きることにした。西海岸へ引っ越し、クラブ歌手になった。彼女は歌の力をつけ、安定した収入を得て、その稼ぎで高校を卒業し、次には看護学校に通った。以後二五年にわたってホスピス活動と貧困者やホームレスを守るシェルターの仕事に専心してきた。

初回の面接で、彼女にはひどい不眠があることがわかった。しばしば悪夢で目が覚めるが、どんな夢だったかほとんど思い出せない。何かに追いかけられ、命からがら逃げている、といった断片的なことは憶えている、とのことだった。そのあと、死の不安が襲ってきて、ほとんど眠り込めなくなる。

それがだんだんひどくなって、夜ベッドに行くのが怖いというまでになり、セラピストを探すことにした。私が最近書いた本の中にある、『夢を見る人を探して』を読んで、この人かな、と思ったとのことだった。

アメリアは部屋に入ってくるなり、どっと椅子に身を投げ、先生の前で寝てしまわなければいいんですが、と言った。悪夢のあと、平静に戻ろうと格闘して疲れ果てているから、とのことだった。「いつもはどんな夢を見たか覚えていないのですが、これだけは覚えています」と言って、以下のような夢を語ってくれた。

私は横になっていて、カーテンを眺めています。ひだをとった赤い薔薇色のカーテンで、布地を透かして黄色っぽい光が漏れてきます。光の縞は狭く、赤い縞の幅のほうがずっと広いんです。ただ、不思議なことに、このカーテンからは音楽が聴こえてくるのです。カーテンから光が漏れてくるのではなく、ロバータ・フラックの古い歌『やさしく歌って』が、光の縞のところから漏れてくるのです。大学に通っていた時、オークランドのクラブでよく歌っていた曲です。夢の中で、光が音楽になってしまっていたので、ひどく驚きました。すると突然、音楽が止み、その曲を演っていた人物が私をつかまえに来るのがわかりました。恐ろしさのあまり、目が覚めました。午前四時でした。それからは一睡もできませんでした。

訳注4　薬物の問題を抱えた仲間同士が集まる自助グループ。スタッフには回復者もいる。

アメリアが面接にやって来たのは、悪夢や不眠だけではなく、もう一つ大事な問題があった。彼女は男性との関係も創りたいと思っていて、何人かにアプローチしてみたが、曰く、どれもうまくいかなかった、とのことだった。

最初の数回のセッションで、彼女のこれまでのこと、死の恐怖や売春婦時代のかろうじて命拾いした話と、いろいろ踏み込んで話題にしてみた。その結果、私にわかったのは、彼女には何かとても強いバリアーが働いているということだ。情緒がまったく表面に表れないのである。死に対する不安も意識しないようで、それどころか、死が日常的にあるホスピスでも、大量の仕事を引き受けていた。

面接が始まって三カ月、私に話したこと自体や、自分の路上生活の頃のことを初めて口にし、セッションの場で共有したことで安心感を得たのか、睡眠がとれるようになった。夢を見ているという感覚はあったが、思い出せるのはやはりほんの断片だけだった。

彼女が親密さに怖れを抱いているのがすぐにわかった。彼女は私の目を見て話すことはほとんどなく、二人の間にはまだまだ距離があった。この章のはじめに、クライエントの駐車の仕方には意味があると書いた。今までのクライエントの中で、アメリアは一番遠くに駐めていた。

この章の初めに登場したパトリックとの経験から、私は、信頼できる親しい関係がなければ、どんなアイデアも生きないことを学んだ。苦い経験だった。それを意識しつつ、次の二、三カ月はアメリアが抱える「親密さ」のテーマ、特に私との関係を取り上げることにした。遅々としたペースだったが、ある日、忘れられないセッションが展開された。

彼女が面接室に入って来ると携帯電話が鳴り、電話に出てもいいか、と言った。相手とは短いやりとりで、その日に、あとで誰かと会うための打ち合わせのようだった。とてもフォーマルな型どおりの話し方で、上司との話かなと思った。電話が終わったので、そのことを尋ねると、今のボーイフレンドで、自分がすることになっているディナーの予約の話だった。

「上司と彼とでは、話し方が変わるもんじゃないのかな。話の合間に、『ハニー』とか、『スィーツ・ハーツ』とか、『シュガー』とか、あってもいいんじゃないの」

彼女は、まるで宇宙人を見るような目で、私を見た。それから話題を変え、前日に出席したNAのグループ・ミーティングのことを話し始めた（彼女は、もう三〇年以上もヘロイン使用はないけれど、NAの定例会やアルコール依存の人たちのAA[訳注5]にも、ずっと出席していた）。会が開かれる街が、かつて自分が薬物依存で売春婦をしていたハーレム近辺とそっくりなのだという。会合に向かう途中、薬物依存の人たちがあちこちにいるこの通りを歩くと、彼女はいつも通り、不思議なノスタルジーに襲われ、今夜一晩をやり過ごすならどの場所がいいかと、建物の出入り口や路地裏を、つい、覗き込むと言う。

「あそこに帰りたいというわけではないんですよ、先生」

「僕は君のことをアメリアと呼んでいるのに、僕はまだ〝先生〟なんだよね。少しバランスが悪い

訳注5　AA（Alcoholics Anonymous）アルコール依存の人たちのための自助グループ。

んじゃないかな」

「前にも言いましたけど、もう少し時間をください、先生のことがもう少しわかるまで。いつも言ってることなんですが、私、あの、なんていうか……燻んだ街に行くと、いろんな気持ちが押し寄せてきて、その感じはそう悪くはないんです。うまく言えないんですが…そうですね…ホームシックの感じかな」

「ホームシックねぇ、で、どんなふうになるの？」

「なんだかよくわからないんですけど、いつも、頭の中で『やった！』という声がするんです。そこにいくと、いつも聞こえるんです、『やった！』って」

「それは君が一度地獄に落ち、そこから帰還を果たした、自分は生き残った、と聞こえるんだが」

「ええ、そんな感じもあります。でも、それとは違うところもあるんです。先生には信じられないかもしれませんけど、思い返すと、その時の路上の生活のほうが、ずっと単純で、楽なんです。生活費や会議のことで気を揉むこともなかったし、すぐパニックになる新米の看護師を訓練して一週間で仕上げなければならない、ってこともなかったですし。車だの家具だの、節税だの、厄介事は生まれないし、保健師のアクションとしてこれは適法なんだろうかと頭を悩ますこともない。医者にお追従を言う必要もない。ハーレムでの路上暮らしで、考えなければならないことはたった一つ。ヘロイン入りの袋を手に入れること。だから、当然、それを買う金を払ってくれる客を探す。生活はシンプルだった。一日一日、一瞬一瞬が生き延びることにかかっていた」

「アメリア、思い出にフィルターがかかってはいないかい。卑猥な言葉を投げつけられたり、路上で凍りつく夜を過ごしたことは？　瓶を叩き割るヤツ、金を出し惜しみする客、君をレイプしようとする輩、まき散らされた尿やビールの、あの臭いはどうかね。しかも死がどこにでも潜んでいる。君は死体を見たと言っていたし、殺されかけたこともあったんだよね？　そんなことなんかは、心に残っていないのかな？」

「ええ、ええ、そうです、その通りです。すっかり忘れてました。そういえば、当時も、そんなことが起きたその端から、すぐ忘れてましたね。ヤクでやられた男に殺されそうになった時も、そのあとすぐに、通りに戻ってましたもの」

「たしか君は、ビルの屋上から友達が落とされるのを見たことがあると言ってたね。君自身も三回も殺されかけたとか。精神に変調を来した男に、公園でナイフを持って追いかけられて靴が脱げ、裸足で三〇分も逃げ回ったという、恐ろしい話もしてたよね。そんなことがあっても、君はすぐに路上に立った。君の心の中はヘロインが占領していて、ほかの考えどころか、死の恐怖さえも、入り込む余地がなかったようだね」

「ええ、その通りです。頭にあったのは、たった一つのこと。次のヘロインの包みのことだけでした。死について考えたことなんかなかったわ。死なんか、全然怖くなかった」

「今、死が夢の中で戻ってきて、君を怯えさせている」

「ええ、不思議です。で…それは、その…ホームシックも同じで」

私は尋ねてみた。「プライドのことはどうなのかな？　あそこから這い上ったことに、君は自負を持ってるんだろう？」

「いくぶんかはね。でも、先生にしたら、十分じゃないってことでしょう？　私には、今、ゆっくりと考える時間がないんです。私の気持ちは、数字とか仕事とか、時にはハル（ボーイフレンドの名前）のことで、もう、いっぱいいっぱいなんです。生きることにも、クスリなしでやっていくことにも」

「君がここに来て、僕と話をするのは、その〝生きること〟、〝クスリなしでいられること〟に、役に立っているのだろうか？」

「私の生活全部も、グループ・ワークでの仕事も、ここでの面接も役に立ってますよ」

「いや、そういう意味じゃないんだよ。君がクスリなしでいるのに、この僕は役に立っているかって聞いているんだよ」

「もちろんです、役に立っていますよ。全部が役に立っています」

「その〝全部が役に立っています〟っていう言い方、水臭くないかい？　二人の間に何かものが挟まって、なんだか距離を感じるよ？　君、僕を避けている？　僕のことでどんなこと感じるか、話してみてくれないかな。今日、今までのところでか、先週のセッションの時にとか、この一週間で思ったことでもいいし」

「先生、また、それですか」

「本当だよ、アメリア、これは大切なことなんだ」

「どんなクライエントも、セラピストのことをいろいろ思うことがあるってことですか?」

「そのとおり。これは僕の経験だけど、僕も自分のセラピストに、あれこれ思ったしね」

この場で二人の間に起きていることに話を向けた時には、彼女はいつものように椅子にぐったりと身を持たせかけ、いかにも弱々しげだったが、ようやく、まっすぐに座りなおした。私は彼女に注意を集中させた。

「先生の受けてた面接って?　いつのことです?　あれこれって、どんなことですか?」

「魅力的な心理学者だったよ。一五年くらい前。名前はロロ・メイ。僕はセッションを心待ちにしていたんだよ。彼のやさしさ、万事に注意を配る、その配慮の仕方。そんなところが、なんとも魅力的だった。彼の服装も、タートルネックにトルコ石のインディアン・ジュエリーのネックレスで、僕好みのセンスだった。二人とも仕事の上で関心を持つテーマが重なっていたし、こんな結びつきは他にはないって言ってくれた。私の本の原稿に目を通し、褒めてくれた。それも嬉しかった」

沈黙が流れた。彼女は身動き一つせず、窓の外をじっと眺めていた。

私は訊ねた。「君のほうはどうかな?」

彼女はきまり悪そうに、あらぬ方を見ながら言った。「ええ、私もあなたの優しいのが嬉しいみたいです」

「うん、それから?」

「困りましたわ」

「そうね。ただ、困惑しているということは、そこにはお互い、何か大事なことがあるということだと思う。そうなることが目標、狙い目なんだよ。だから、やってみよう。その困惑の気持ちに正面から向き合ってみようか。どうぞ」

「ええっと、私にコートを着せかけてくれたのが嬉しかったわ。それから診察室のラグの端がめくれていたのを直したら、先生がクスッと笑ってくれたのが嬉しかった。先生がそうしたことをどうして気にとめないのかわかりませんけど、この部屋も、もうすこし片づけては、と思います。ほら、その机の上も散らかってるし…。あ、そうでした、そうでした、話を戻します。私のかかっていた歯医者がビンにいっぱいヴァイコディン[訳注6]を処方した話の時に、先生はその薬を自分に渡すよう、すごい勢いで言ってくれましたね。転がり込んできたお宝を、みすみす手放すと思いますか？　その時のセッションの終わりで、私が部屋から逃げ出そうとしたら、私の手を掴んで離しませんでしたよね。言いたいのはこのことなんです。あなたは、ヴァイコディンを渡すか、面接をやめるかの最後通牒を突きつけて、面接を危うくしたりはしなかった。それにとても感謝している、そのことです。他のセラピストだったら、そうしてしまってたでしょうね。そしたら、たぶん私は面接をやめたと思います」

「それを言ってくれてほんとうによかったよ、アメリア。心に響いた、感動したよ。で、いま話をしていた間の最後の二、三分はどんな感じだった？」

「戸惑ってた、それだけよ」

「そう？」

「どうぞ馬鹿にしてくださいと言っているみたいなものだから」

「そんな体験があったわけ？」

彼女は、小さかった頃や一〇代の頃に馬鹿にされた出来事をいくつか話した。しかしそれは、私にはそれほどのものとは思えなかった。それで、この戸惑ってしまう気持ちは、暗いヘロイン時代があるからなのではないかと投げかけてみた。ほかのことでも同じだが、ここでも彼女はそうだとは認めず、この困惑は薬物を使い始めるずっと前からあったと言った。それから、彼女は顔を上げ、真剣な顔つきで、私をまっすぐ見て、「ひとつ訊いてもいいですか？」と言った。

ぐっと注意を引きつけられた。彼女が、これまでそんなことを言い出したことはなかったからだ。何を言い出すかまったく予想がつかないまま、待った。こんな瞬間を待っていたのだ。

「すぐに返事してもらえるかわからないけど、言ってみます。いいですか？」

私は頷いた。

「私をあなたの家族の一人と思ってもらえますか？　家族って、もちろん実際に、っていう意味ではないですけど」

私はしばらく間を置いた。正直に、自分の気持ちを基にして答えたいと思ったからだ。私は彼女を見た。彼女は顔をまっすぐ上げ、いつもは逸らすのに、その瞳は私をじっと見ていた。額や頬のつや

訳注6　麻酔性鎮痛薬。代用ドラッグとして使われることも多い。日本では使用が禁止されている。

つやした褐色の肌は今さっき磨かれたかのように輝いていた。私は自分の気持ちを十分に確かめ、そして言った。「アメリア、僕の答えはイエス、だよ。君は勇気ある人だ。それに魅力的だ。困難を乗り越え、そしてそのあとに君が果たしてきたことに、最大の敬意を捧げるよ。だから、そう、君が僕の家族になるのを歓迎するよ」

アメリアの目には涙があふれていた。彼女はティッシュ・ペーパーを手に取り、心を落ち着かせようとしてか、少し横を向いた。ややあって、こう言った。

「もちろん、職業上そう言わなければならない立場ですものね」

「そんなことを言って、また僕を遠ざけているのがわかるかい。急に近い感じになって、落ち着かないかな？」

このセッションは、こうして終わった。外は土砂降りの雨だった。彼女はレインコートをかけた椅子に向かった。私はレインコートを手に取って着せようとした。すると彼女は尻込みして居心地悪そうにして言った。

「ほらね。そうやって私を馬鹿にするでしょ」

「アメリア、全然、そんなことじゃないよ。ただ、それを言ってみるのが大事だからね。どんなことでも、言葉にすることがね。君の、その正直なところがいいな」

ドアのところで彼女は振り向いて言った。

「あなたとハグしたいわ」

今までにないことだった。彼女がそう言ってくれたことが嬉しく、ハグした。体は暖かで大きかった。

面接室を出て階段を降りる彼女に向かって、私は声をかけた。

「今日はよくやったね」

階段を降りてジャリ道に出た彼女は、振り返らず、肩越しにこう言った。

「先生もよくやったわ」

ここでの面接で顕わになった点の一つは、彼女が薬物依存のあった頃の昔に、奇妙なノスタルジアを感じる、ということだった。彼女の説明では、たぶん単純極まりない生活への憧れがあるから、とのことだった。この言葉は、この本の初めのほうで書いたことやハイデガーの言葉、「人は日々の生活に埋没すると、より深く考えたり、真剣に自分を振り返ることをやめる」を思い起こさせる。

〈いま・ここ〉という方向づけを繰り返すうち、セッションの焦点は大きく移動した。彼女は私について感じていることをここで話題にしようとせずに、「ここでのセッションは、生きて行くことに役立っている？　薬から遠ざかるのに役に立っている？」という問いにさえ、答えるのを避けていた。

そこで、リスクはあったが、何年も前に自分自身がクライエントになった時、セラピストに抱いた気持ちを言ってみようと、心に決めた。

私のこのモデリングで、彼女はリスクを引き受け、新しい地平に立った。そして、ずっと長い間、心に抱いてきた驚天動地の質問をする気になった。「私を、あなたの家族の一人と思ってもらえますか？」。そしてもちろん、私は最大の真剣さを持って、この質問に答えねばならなかった。彼女がヘロイン依存のどん底から這い上がったということもさることながら、それ以降も他者の幸福のために人を援助する仕事に一身を投入していることに、私は少なからぬ敬意を抱いていた。私は正直に答えた。

私の答えに否定的な反応はなかった。私は自分が創った自己開示のガイドライン（と制限）に従った。彼女のことはよくわかっていたので、私が自分のことを開示しても、彼女が自分のことを言うのを邪魔することはなく、むしろ促進すると確信していた。

彼女が親密さを回避しようとする点を話題にしたセッションは他にも多々あったが、この日のことは忘れられないものになり、以後もしばしば取り上げることになった。その後、彼女はもっと暗い恐怖を次々に語るようになった。夢をたくさん思い出すようになり、売春婦時代の恐怖の記憶が蘇ってきた。それによって、最初は不安――ヘロインによって消されていた不安が増したが、ついに、それまで自分自身の中にあった内なる仕切りを、自らの手で取り払った。その後一年をかけて、寝ている最中に突然、恐怖に襲われたり、悪夢に苦しむことが消失し、面接は終了した。それから三年後、嬉しいことに、私は彼女の結婚式に出席することになった。

自己開示とモデリング

自己開示の適切なタイミングやそれをどの程度までするかは、セラピストとしての経験によって変わる。自己開示の目的は、面接の作業を促進することにあるのを忘れないでもらいたい。性急すぎると、クライエントが自らのテーマに向き合うことを邪魔したり、セラピスト個人に関心を向けさせてしまうことになる。十分な配慮をもってなされたセラピストの自己開示は、クライエントが自分を表現する有効なモデルとなりうる。

最近の心理療法の雑誌に、あるセラピストの自己開示について書かれた論文がある。二五年前の事、この論文の著者はあるグループ・セラピーに参加した。そのリーダーはヒュー・マレンという著名なセラピストだった。このリーダーが気持ちよさそうに椅子にもたれ、目も閉じているのを見て、彼はこう訊ねた。「今日はまた、どうしてそんなに寛いだ雰囲気なんですか？」

マレンは即座に答えた。「女性の隣に座っているからね」

そのとき著者は彼の返事があまりにあけすけで風変わりだったので、来るところを間違ったのじゃないかと訝った。が、時間が経つにつれ、このリーダーは自分の気持ちや空想したことを表現するのを手控えたり、臆したりはしておらず、そのスタンスがグループ・メンバーの気持ちを驚くほど自由にしていることに気がついた。

この著者はセラピストとして仕事をするようになり、二五年経った今でも感謝の気持ちは続き、こうして論文にそれを書くことで、セラピストのモデリングの、持続する力を共有したいと思ったのである。

夢は面接での有用性が並はずれて高い。多くのセラピスト、とりわけ経験の少ないセラピストが夢を避けて通るのはとても残念である。一つには、若いセラピストたちが、夢の取り扱いに関する訓練をほとんど受けていないことによる。実際、臨床心理学や精神医学、カウンセリングのプログラムでは、面接での夢の意義について触れられることは、まずない。当然の結果として、若いセラピストたちは、一方で夢の不可思議な性質や、夢の象徴・解釈についての複雑で迷宮のような文献が存在し、また他方では、夢を多面的に解釈するのは時間を食うだけの作業に見えてしまうことに、気力を削がれてしまう。多くの場合、継続的な個人面接をやってきたセラピストだけが、夢のほかならぬ価値を知っている。

私は、解釈のことはとりあえずはいいのでと言いつつ、若いセラピストたちが夢を取り扱えるようになるよう、誘っている。完璧に理解された夢？　そうしたものを考える必要はない。そもそも存在しないのだから。一九〇〇年のフロイトの著作『夢解釈』に登場するイルマの夢は、彼が完璧に解釈しようとして渾身の力を奮ったものの一つであり、以後一〇〇年にわたって論争が続いており、今もなお、多くの著名な臨床家たちにとっては、新たな見解を披瀝する素材となっている。

夢を実際の有用性から考えてみよう。クライエントの人生の中の、すでに亡くなっている人たち、消え去った場所、はるか過去の経験。夢はそれらについての豊富な情報源なのだと、シンプルに考えてみよう。私は訓練生たちを、そんなふうに誘っている。

もっと言うならば夢の多くには死への不安が染み込んでもいる。人は夢を見ることで眠り続けられるが、そこに悪夢が侵入すると、護りは破られ、死への不安が表面化する。人は脅かされ、眠り続けられなくなってしまう。一方、第三章で論じたように、人を「目覚めること」へと導く先触れとなるような夢もある。こうした夢には、人生の実存に触れる、自己の深部からのメッセージがあるようだ。

一般的に言えば、面接プロセスの進展に貢献する夢とは、悪夢、繰り返される夢、パワーを秘めた夢、つまり、記憶の中に保存されている夢である。クライエントが複数の夢を一回のセッションに持ってきた場合、その中での直近の夢か、最も生き生きした夢が、豊かな連想をもたらす。われわれの内にある無意識的なものの強い力は、夢からのメッセージを巧妙な方法で隠そうとする。夢には、意味のわかりにくい象徴や隠蔽作業が働き、つかまえどころが見つけにくい。それゆえ私たちは夢を忘れるし、たとえ記録に書きとめても、次のセッションに持ってくるのを忘れてしまったりする。

フロイトは夢を無意識的なものへと至る王道と呼んだ。夢は無意識イメージの噴出なのである。しかし、私にとってさらに重要なのは、夢はクライエント＝セラピスト関係を理解する王道でもあるというところにある。私は、夢が面接そのものやセラピストを表象する面を持つことに、とりわけ注意を払っている。一般に、そうした夢は、面接が進むにつれ、普通のものに戻っていく。

夢は、大部分が圧倒的に視覚優位であり、心の機能は、その視覚イメージをなんとかして抽象的な概念に変換しようとする。この特徴を覚えておいてほしい。こうして、面接は、まるで一回の旅であるかのごとく、また、誰かの家を修繕するかのように、さらには、自分の家の中でもまったく使われていない、未知の部屋を発見する作業でもあるかのように、しばしば映像を伴って語られる。たとえば、(前章の)エレンの夢では、私のオフィスのトイレで、彼女の経血で衣服に染みができるといった形を取って、彼女の恥かしさの感覚が表わされていた。また、私への彼女の不信感は、私が彼女を無視し、助けに行かず、そして誰か他の人との話に忙しいことに表わされていた。

次の事例は、死への怖れをもつクライエントにセラピストがどう向かうか、つまりは、セラピスト自身の死すべき運命に光が当たることになった例である。

セラピストを破壊してしまう夢――ジョアン――

ジョアンは五〇歳の時に、死の恐怖と夜のパニック発作が繰り返し現れ、心理療法を探してやってきた。彼女は数回にわたってこのテーマと向き合ううち、次のような夢を見て、目覚めてしまった。

私はセラピストと会っていて(その人は全然似ていませんでしたが、確かにあなたでした)、大きな皿の上のクッキーをオモチャにして遊んでいます。そのお皿からクッキーを取って、一個ずつ端っこをかじったり、手でつぶして粉にし、かき混ぜたり。すると、セラピストはその皿を持ち上げ、粉になったのも、残りのクッキーも、一息で全部呑みこんでしまいます。数分後、彼はあおむけに倒れ、病気になります。状態はどんどん悪くなり、緑色の長い爪が伸びてきて、薄気味悪くなっていきます。彼の眼は残忍さを帯び、両足は消えてしまっています。ラリー（夫）が部屋に入ってきて、セラピストを助け起こし、介抱します。私は固まって動けませんでしたが、夫はちゃんとやってくれました。目が覚めた時、心臓がバクバクしていて、そのあとの数時間は、死の恐怖に脅かされたまま、過ごしました。

「そうだねぇ、この夢から、どんなことを思い出すだろうか？」

「あのぉ、目が残忍だったし、両脚がなかったので、あれこれ思い出します。数カ月前、母が脳卒中で倒れ、会いに行ったことは話しましたよね。彼女は昏睡状態が一週間続き、そのまま亡くなりました。目は半開きになっていて、〝残忍に〟見えました。父も二〇年前、重い脳卒中の発作を起こして歩けなくなり、最後の数カ月は車椅子で過ごしました」

「夢から覚めたあと、死のことが頭から離れなくなり、数時間、過ごしたって言ってたよね。その時のことで、何か覚えていることは？」

「これまでに話したのと同じです。暗闇の中へ永久に行ってしまう恐怖、家族と一緒にいられない悲しみ。だから、昨夜も、あんなふうになってしまったんでしょう。寝る前に古い家族写真を見ていて気がついたんです。母にとっても私にとってもイヤでたまらなかった父が、そこに写っているんです。まるで初めて見るみたいでした。写真の中の父を見ていて、いろいろあったけど、彼のことが私たちの中に残っていて、その中には良かったこともある、たぶん、それがわかったんです。そうなんです、後に何か残る、と考えると救われます。母の形見の服を着ると慰めになりますし。娘が母の古いビュイックに乗るのを見ても、同じ気持ちになります」

彼女は続けた。「あなたが、偉大な思索家たちも熟考した、この問題の答えを話してくれました。でも、そこから何かを得ても、それが怖れを和らげてくれないこともあるんです。わからないことって、怖すぎます。死はあまりにも未知で、想像をはるかに超えた暗さなのです」

「ただ、あなたは毎晩、眠っている時に死を体験している。ギリシャ神話では、ヒュプノス（眠りの神）とタナトス（死の神）が双子の兄弟なのは知っているよね？」

「おそらくそれが、目が覚めてしまった理由です。私が死なねばならないなんてひどすぎるし、あまりに不公平です」

「誰もがそんなふうに思う。私も同じだ。が、存在するということは、そういうことだよ。われわれが人間であることの交換条件だ。いま生きているもの、これまで生きてきた生命すべてに与えられた条件ということになる」

「でも、それでも不公平です」

「私たちは皆――私もあなたも――自然の一部で、そこでは公平・不公平は些細なことなんじゃないかな」

「わかっているんです、全部。今の私はその真実を初めて知った子どもみたいなものなんです。その都度、いつも初めてのことに感じられます。こんなことはほかの人には話せません。あなたがこれまでこうして私といてくれようとしていることが、どんなふうに私の助けになっているか、今まで言っていませんでした。たとえば、一回一回の面接が、自分のために、今までにない魅力的な場所を創り出しているんだって感じていましたが、それも、今日話すのが初めてです」

「ほぉー、そうだったんだ。じゃ、ここでの作業を続けようか。夢のことに戻ろう。私は夢の中では、ずっと一緒にはいなかった。私は変わっていってしまうんだよね。で、クッキーからパッと思いつくことはどんなこと？　クッキーを食べた私は、目と足がヘンになってしまうんだよね？」

「えぇっと、私はクッキーを少しずつかじり、そのかけらを手で混ぜて遊んでいました。あなたは、それを取り上げて全部呑み込み、それで自分がどうなるのかを見ています。この夢は、私があなたの手には余るのではないか、あなたに求めすぎているのでは、という私の気がかりの顕われだと思います。

私はこの恐ろしいテーマをちょっとずつかじるけど、あなたは全部呑み込みます。私とだけじゃなくて、ほかのクライエントとも、そうしているんですよね。私はといえば、あなたが死ぬのではないかと心配しているようです。あなたが私の両親や他の人みたいにいなくなってしまうんじゃないかって」

「そうね、それはいつかはそうなるだろうね。あなたが気にかかっているのは、私が年取っていることや、私が死に向かっていること、死のことを話すことでこの私に何か影響が出るのでは、といったことのようだね。ただ、私は自分の身体が動く限り、あなたとここにいると約束するよ。あなたは私を苦しめてなんかいないよ。むしろ、あなたが心の底では私を信じてくれていることを、何よりの宝だと思っている。私はまだ、脚も動かせるし、目もはっきり見えているからね」

彼女は自分が持つ絶望へとセラピストを引き込むのではないか怖れた、それは当たっているところもある。確かに、そのセラピストが自らの死すべき運命に直面することがまったくないまま、そこまで来ていた場合、自分自身の死への不安に圧倒されてしまうことはありうるからである。

転居前の悪夢――キャロル――

クライエントは、自分がセラピストを圧倒するんじゃないかと心配するだけでなく、キャロルの場合のように、最終的には、自分のセラピストに可能なことの限界に直面することさえある。

彼女キャロルとは、これまで長らく面接をしてきた。彼女は六〇歳で、四年前に夫を亡くして以降、高齢の母親の世話をしていた。面接の間に母親も亡くなって、一人暮しは淋しすぎると思い始め、別の州にいる息子や孫のところに引っ越すことにした。終結に向けてのあるセッションで、彼女は以下の夢を報告した。

四人――私、看守、女の囚人、あなた――が、安全な場所を求めて、旅をしています。次に、私たちは息子の家のリビングにいます――そこは窓に格子がはめ込まれ、安全なところです。あなたが、ほんのちょっとの間、部屋を空け、いなくなっていた時――たぶん、トイレでしょう――突然、銃弾が窓格子をふっ飛ばして、囚人に当たり、彼女は死んでしまいます。あなたが部屋に戻ってきて、倒れている彼女を助けようとします。でも、彼女は即死で、あなたが手を施したり、話しかけたりする間さえありませんでした。

「この夢を見ている時、どんな感じがしてたんだろう?」

「これは悪夢です。私は怖くて目が覚めました。心臓が激しくどきどきし、その鼓動でベッドが揺れたほどでした。長い間、寝つけませんでした」

「この夢のことで、何か心に浮かんでくるかな?」

「固い防御――可能な限り強固な防御です。あなたもそこにいたし、看守もいました。家には格子もしてありました。あらゆる防御がしてあったのに、それでもその囚人の命は守れませんでした」

こうして夢について話しているうち、彼女は夢の中核にあるメッセージに気がついた。それは、囚人の死と同様に、自分の死を防ぐことは不可能だということである。夢の中では自分とその女の囚人とは同じだとわかったのである。二重身という現象は、夢ではよく現われる。実際、ゲシュタルト・セラピーの創始者、フリッツ・パールズは夢に登場する人やものは、どんなものもその夢を見る人に関わるどの部分かの反映と見ていた。

それより何より、キャロルの夢は、セラピストがいつも、なんとかして自分を守ってくれるという神話を打ち砕いた。この夢には、あれこれ興味をそそられる面があった（たとえば、彼女の自己イメージの面でいうと、囚人と自分を重ねて二重身になり、あるいは、息子と一緒に暮らすというイメージは格子のついた部屋として顕われていた、などである）。しかし、面接の終結が見えていたので、ここでの私たちの関係について、とりわけ私が提供できるものの限界に焦点を当てることにした。この夢が告げているのは、たとえ彼女が息子のところへは行かないと決め、代わりにセラピストとのつながりを残したとしても、だからと言って、セラピストはこの自分が死ぬことから護ってくれるわけではない、ということである。彼女はそのことをよくわかっていた。

最後三回のセッションでは、この洞察の意味するところを考えてみることにした。この作業をすることで、彼女は私との面接を終わりやすくなり、目覚めることという経験ももたらされた。そして、これまでにもまして、彼女は他者から得られるものには限界があることを知った。人との結びつきは苦悩を和らげてはくれるが、人間の条件のうち最も苦痛な面に対抗できるわけではない。この洞察は彼女に強さをもたらした。それは自分が生きることにした場所でならどこで生きようと変わらない強さ、である。

言ってください、人生はそう悪いもんじゃないよって――フィル――

さて、以下の夢は、セラピスト＝クライエント関係の多様な側面を示す例として挙げてみる。

あなたはひどく重い病気で入院している患者で、私はあなたの主治医です。でも私はあなたの病気のことはそっちのけで、あなたの人生は幸福だったかどうかを、かなり執拗に質問し続けています。私はあなたの口から、人生はそう悪いもんじゃないよって言ってほしかったんです。

フィルは八〇歳で、死をひどく怖れていた。この夢についてどう思うか尋ねると、彼は即座に、自分はまるでセラピストである私の血を吸い取っていて、あまり多くを求めすぎているかのようだと言った。夢では、私が病気で彼が主治医のはずなのに、彼の欲求のほうが最優先で、病気の私から何かをもらおうと躍起になっている。彼のその気がかりがこの夢には現れていた。彼は自分が健康を害したり、友人たちが死去し、あるいは障害を抱えてしまうのを見るにつけ、絶望し、私に人生はそう悪いもんじゃないと言って、希望を与えてほしいのである。

夢に勢いを得て、彼は「あなたにとって私は荷が重すぎますか？」とはっきり聞いてきた。

私は答えた。「私たちは誰もが同じ荷物を背負っているからね。心の中心に巣食う〝ムシ〟（彼が前に使った死を表わす言葉）に直面するのは気が重いものだけれど、一方で、私の眼を啓かせてくれる。だからここでのセッションは楽しみですよ。私が存在する意味は、あなたが生きる喜びを取り戻し、あなたの人生経験から得た叡智と再びつながる、その手助けをすることなんですよ」

この本の冒頭に、心理療法でのやりとりには死の不安のことは滅多に登場しない、と書いた。セラピストたちがこのテーマを避けるのには、いろいろと理由がある。彼らは、心理療法にはそもそも死の不安なるものは存在せず、直接の関連もない、と考える。つまり、死の不安とは、実際は何か他のことに関わる不安が置き換えられたものだとする。彼らの場合、自らの恐怖に火をつけることを怖れているのだろうか、それとも、死は免れえないことにあまりにも困惑し、あるいは、絶望しているのだろうか。

私はこれまで、たとえあらゆる恐怖が暗黒の極みをもたらしたとしても、その恐怖に直面し探索することは必要であり、また、可能だと書いてきた。しかし私たちには、新たなツールが――これまでとは違う種類のアイデアや、別のタイプのセラピスト＝クライエント関係が――必要である。私の考えでは、それは、死と真正面から向き合ってきた先哲の考えに注目すること、そして、人生の実存的なとらえ方を基にした面接関係を築くことである。人は誰でも、人生の喜びと死を免れ得ないことへの怖れの両方を、経験することになる。

ジェニュインネス genuineness は、効果的なセラピーのためには極めて重要であるが、セラピストが実存的な観点から誠実に取り組むことによって初めて、その新たな次元が開かれる。私たちは、クライエントなる人たちのことを、自分ではなんだかわからない悩みに苦しみ、それゆえに、そうした彼らが求めるセラピストは、冷静で間違うことのない、どこまでも個人を顕わにしない人物だと考えてしまう。が、そうした医療モデルの尻尾は、もう、取ってしまってもよいだろう。私たちは誰もが、同じ恐怖、死を免れ得ないことがもたらす痛手、心の中に住まう〝ムシ〟と対峙しており、そこに立って関わりを創り出す必要がある。

訳者あとがき

訳者を代表して　上村くにこ

フランス人の友人が、「最近久しぶりに感動した本があるの。あなたもぜひ読んでみたら」と言って、『エピクロスの庭』という本を差し出した。古代ギリシアのファンである私は、「古代ギリシアのガーデニング研究か。ヒマな研究もあるもんだなあ」などと思って読み始めてみると、とんでもない、これは「人は必ず死ぬ」という事実に圧倒されながら、一生懸命生きている現代アメリカ人と、それに独自の方法で付き合うセラピストとの物語であると読めた。

私と饗庭はもともとフランス文学出身であるが、五年ほど前から「死生学」というまったく新しい分野に船出をして、さまざまな研究を渡り歩いてきた。思いがけなく出会ったこの本は、「死ぬこと」について深く考える足場がたいへんユニークだと思った。精神分析を土台としながら、古典哲学と実存主義哲学をスパイスとして使い、具体的なケースをふんだんに紹介する。その登場人物が実に魅力的だ。ヤーロムはあるときは遠回しでソフトタッチのやり取りをするかと思えば、ハラハラするような突っ込みをする。読み物としても実に面白い。「人は死ぬ」という事実に、これまでの伝統的な死生観だけでは対峙できなくなった今の日本人に、大いなる助けになるのではないかと思い、なんとか翻訳できないかと願うようになった。

元同僚であり、臨床心理士である羽下に監修役を快諾してもらい、やはり臨床心理士である宮川にも語りかけて、結局、「専門家」二人と「一般読者」二人という四人の目線のコラボによる共訳という形になった。この本が一般読者向けであると同時に、セラピスト養成のための専門書という二つの性格を持っていることから、このような形をとるのが最良であると考えたのである。四人がそれぞれの分担の試訳を持ち寄り、侃侃諤諤の議論をして、それに朱を入れるという作業を三年余にわたって続けた。思えば学生時代以来の、贅沢で楽しい時間であった。四人は各自細心の注意を払ったが、もし思い違いの箇所があれば、四人の力不足によるものである。

本書の仏訳版タイトルは『エピクロスの庭』である。エピクロスは前四世紀のアテネに「エピクロスの庭」という名の教室をひらき、そこは女性や奴隷にも開放されて、たくさんの人びとが通ったという。この本が文字通り、死についてオープンに語れる現代の場となることを願っている。

編集部の小寺さんと長谷川さんには、先ほど述べた理由のために手間取ってご迷惑をかけたにもかかわらず、いつも心のこもったサポートをいただいたことに、心から感謝いたします。

解題

監訳者　羽下　大信

この本の著者、アーヴィン・ヤーロムに関して筆者が知るところは、そう多くない。彼は、一九六〇年代後半、当時のアメリカでガンのターミナル・ケアにグループ・セラピー（集団心理療法）を導入したパイオニアであること、実存派の心理臨床家であること、自らの職業的・個人的経験を背景にしたノンフィクション、フィクションの精力的な著述家であり、その中の数冊は日本語訳があること、そして近年は、彼独自の視点から強調してきた、クライエント＝セラピストの「関係」に重点を置いた訓練プログラムを持つ「アーヴィン・ヤーロム心理療法研究所」（二人代表）を立ち上げ、運営していること。そんなところである。

筆者がこの彼に心ひかれるところは、二点。彼の公式ホームページ上にある、「影響を受けた人物」としてオットー・ランクを挙げていること、ロロ・メイと盟友になり、その死を看取ったこと、である。

彼の挙げるオットー・ランクとは誰か。以下、筆者の理解を書いてみる。ウィーンの小さな宝石商の二男。幼少期のリウマチ熱の後遺症に生涯、付きまとわれる。一四歳で機械工見習い。知的好奇心高く、独学でフロイトの『ヒステリー研究』『夢解釈』を読み、日記に論考を書き溜める。日記は一九歳を迎える年の一月一日から始められている。内省的な内容で、人間という謎に挑む人は未だ少なく、自己観察によって深める研鑽が必要である、それは心理学だという理想と、自分は芸術家だ、何の作品も訓練・教育もないが、それ以外のものがある、といった自負が綴られている。

ランク二一歳。かねてよりの論考を纏め、家庭医だったアドラーの仲介でフロイト（四九歳）に会う。以降、フロイトは彼の才能を誰よりも愛し、最も近く、最も長きに亘って自分の傍らに置き、物心両面のあらゆる援助をした。ランク自身も、精神分析運動の中で重要な位置に立ち、フロイトの期待に充分に応えていた。実質上、養子だったという見方もある。

が、ランクが自らの考えを明らかにしていくほど、次第に両者の違いが見えてくる。仲間割れも起き、フロイトのもとを去る時が来た（ランク四二歳、フロイト六九歳だった）。パリに一〇年暮らし、ナチスの圧力が強くなった一九三四年、新天地を求めてアメリカに渡る。彼のパリ時代に関しては、フロイトの周辺はランクを「離反した」と非難し、「彼は病気だ（今風に言えば双極性障害とでもなるだろうか）」と中傷・誹謗を繰り返していた。

が、実際の彼は精力的な臨床実践、才気あふれる論文執筆を続け、ヘンリー・ミラーなど芸術家たちと盛んに交流して、彼の人生の中でも極めて生産的な時期を過ごしている。そしてアメリカでの彼（五〇歳からの五年間）は、次第に精神分析に批判的になって、そこから離れて行く。心理臨床家であると同時に、心の発達と社会、そこでの心理臨床といった大きな視野を描いたうえでの新たな対人援助モデルを提案するなど、独自の展開を始める。しかし、健康を害して早逝、五五歳だった。なお、フロイト家に愛された元妻、娘たちはボストンの精神分析グループに残った。こうした入り組んだ事情を背景に、ランクは、アメリカの精神分析サークルから、「離反者」・非医師・血迷い事を言う人、として黙殺（あるいはタブー視）される存在となった。

パリ時代以降のランクの発想には、たとえば、①人という存在をこの世に投げ出された存在（creature）から、自らを創り出す存在（creator）ととらえ、「自らの意思と罪悪感」を軸にした意思療法（will-therapy）を提唱、実存的心理療法の魁（さきがけ）となる、②共感とはEin-fühlung（ひとり）ではなく、Twei-fühlung（ふたり）の間に起きることとした。このアイデアの伏線は、それに遡る一九二二年のフェレンツィとの共著の中に「分析状況」と言う関係概念として登場している。つまり、誰よりも早く、③クライエント＝セラピストの「関係」から心理療法を捉えることの重要さに気づき、④出生という悲劇を生きること、そして自らを創造するためにその悲劇を再体験すること、それを提供する場として心理療法がある、など、彼の視点やスタンスは、時代を超えてもなお、その独創性は輝きを放っており、汲み取るべきヒントが随所にある。

ランクがその日記の中で自らを「芸術家だ」と宣言したこと、前述の論考を纏めた最初の著作のタイトルが『芸術家――性心理学の試み』（一九〇七、二三歳）だったことは、彼のアイデンティティの重要な要素となったと思われる。さらには、心理療法を「関係」（本書では「コンテキスト」の語も用いた）から見るという視点、また人間を実存的に捉えようとするアイデアの独自性などには、この本の著者ヤーロムは、敏感に反応したはずである（若年の頃の孤独な読書と独学のスタイルも近似する)。

実際、ヤーロムの著作のリストを眺めてみると、ランクの使ったキィ・ワードや考え方が、本のタイトルとしても登場する。彼の心理臨床の活動にランクの存在は広範、また、深甚な影響を投げていると見える。それだけではなく、ヤーロムが、この精神分析の「離反者」を、堂々と表(おもて)に出している、という点でも、自分が「これ」と思ったことは言ってしまう率直さを持った、その意味で、なかなかに魅力的な人物と見える。

ちなみに、私たち日本の心理臨床に深く、また、広く影響を与えてきたロジャーズも、あなたの師は誰かと問われ、ランクとクライエントを挙げている。かつてランクのセミナーに参加し、影響を受けたロジャーズは、その後、自ら切り開くことになる、共感、〈いま・ここ〉、二者関係の修復、芸術・表現療法といった概念やアイデアによって、ランクを敷衍したと見ることができる。

なお、ランクに関して、日本語で手にはいるのは、『フロイトの系譜　上・下』(誠信書房)、新たに翻訳し直された『出生外傷』(みすず書房)がある。また、筆者がこのたびランクに関して纏め直すに際し、手元にあった彼に関する英語版の本数冊と、訳書『出生外傷』の大塚紳一郎氏の解題を参考にした。記して感謝したい。

さて、二点目は、この本に登場する人物、ロロ・メイ。彼についてはこの本での記述との重複は避け、ここでは筆者の個人的な見解と経験を少し書いてみる。心理療法家、ロロ・メイは、大学生当時の筆者には、実存的意識をベースにしつつ極めて柔軟なスタンスに立つ人、そうした点で、自分にとって最も好ましいセラピストとしてのモデルになっていた。それは、今も、変わらない。

大学四年、二一歳、筆者は夏休みに入ると、毎日、大学図書館の閲覧室に通って、ロロ・メイの「不安」に関する英語版の本と、ひとり、にらめっこをしていた。大学院受験、英語・英作文の勉強のつもりだった。筆者が席を置いた大学の当時の教官の中には、「臨床心理学なんて、六〇歳過ぎてからの余技でいいんだ(学問に値しない)」と公言する人もいた。こちらはそれに対峙するほどの気概も気迫もなく、それどころか、モチベーションそのものも、今から思い返しても、恥ずかしくも情けないほどの低次元だった。次の年から学科には初めての、臨床心理学専門の先生が来られることがわかっていた。それが筆者にとっての、出口の見えない状況に灯った小さな光だった。

先導してくれる先輩など誰一人見い出せず、心細い独学の中、かろうじて出会った現象学、そして実存主義。当時の大学のアカデミックな雰囲気の中では肩身の狭いテーマ、臨床心理学／心理療法。この三つが重なるところ。そのわずかに重なるゾーンにいたのがロロ・メイだったのである。しかし、この夏、ロロ・メイのエッセンスに分け入るまでには至らず、単なるにらめっこに終わった。

人の生と死にかかわるテーマは、誰か特別の人のものではない。誰にとってもテーマでありうるが、かといって、それを行住坐臥、常に意識しておくことも、日常の生活者にとっては至難の業である。自他の病、老い、苦しみ。それらがやってくるとき。それは突然、不意打ちのように訪れ、われわれを翻弄し、苦難に追い込む。これが通常の感覚だろう。

そして、死。「死とは常に他人の死である」と言った先哲がいる。「私はまだ、当分、死なない」。これが多くの人の日常の感覚だろう。そう思うことによって、人は自分という存在の連続性を想像でき、安寧を得る。逆に言えば、「私は明日、死ぬかもしれない」とリアルに感じつつ、日々を暮らしていくことは、まず不可能だろう。特別な宗教修行は別にして、こうした緊張感を持続させようとすれば、人は心のバランスを崩し、あるいは、自分が分断され、また、崩壊する危機に立たされることになるだろう。

一方、死の想念を私の心の生活の（小さくない）一部として飼っておくこと。それは実行可能なのではないか。

川内倫子（かわうち・りんこ）という映像作家がいる。ふと立ち寄った熊本の美術館でのビデオ・インスタレイションと写真展示を観た。どちらも毎年繰り返される阿蘇の野焼きを撮影したもので、ビデオのほうは、冬の枯れ草に点じられた火が音もなく舞い上がり、草原を、丘を舐めて行く。変幻の炎の形、煙、そして草の焼ける臭いも嗅げるかのようだ。巻き起る風、揺れる草。焼け跡に広がっていく黒々とした灰（それは、やがて次の春の芽吹きの糧となる）。

この自然の輪廻に年々歳々関わり（あるいは延焼にならぬよう、事態を制御し）、その只中にあって、五感が刺激に曝されること。この作業にかかわる人にとっては、その一部始終の中に身を置くことは、もしかして、「生と死の実感」になっているのではないか。そんなことを想像しながら、圧倒する映像を前に、呆然と眺めていた。

翻って、ヤーロムのこの本。この本は、彼自身の心理臨床の活動の中での、死をめぐってのクライエントとのかかわり、それに刺激されての彼の思考、自らの中に飼ってきた死のテーマの再発見、そこから立ち現れる死のリアリティに触れようとする。登場するのは、自分のクライエント、尊敬する師、友人、先哲とりわけエピクロス、実存的スタンス、また短くだがドーキンス、文学作品。ヤーロムは、これらを介することで、先ほどの「生死の実感」とは別の方法から、「他人の死」のその先を描こうとする。

この本の美点は何だろうか。その第一は「率直であろうとする態度」ではないか。とりわけそれが鮮明に表れるのは、死に向かおうとする人に相(あい)対して、対人援助者としてかかわるとき、である。その具体的な展開のさまざまは本文に譲るとして、ひとつだけ例を挙げれば、あるクライエントが自分の生活の全てを整理して高齢者住宅に引っ越す際の、最後の最後になってパニックに陥り、電話をかけてくる。いつ切れるか分からない緊迫したやり取りが展開され、一定の落ち着きを見たのちの振り返り。ヤーロムは、このクライエントとのやり取りの中で、自分の語った言葉の内容・意味(コンテンツ)は意味があるものだった、とか、どれかのフレイズが有効だったのだろう、とは、決して考えない。では何が有効だったのか。ここから先の叙述が、この本の真骨頂だろう。

もうひとつ美点を挙げれば、ヤーロムは、畏友とも言えるロロ・メイの最晩年とその最期に付き添う。また、かつての師匠たちの晩年とその孤独の傍にいる。このいずれの場合にも、「その人」たちから見たら、自分はどういう存在かに、必ず思いを致す。この点が、なかなかに魅力的である。このスタンスは、何も、対人援助専門家だけのものではない。また、逆に言えば、残念ながら、このスタンスを持ちえないままの対人援助専門家も多々いるのが現実である。普通の人の中にも、こうしたスタンスに意識的な人々も存在する。こうした人たちに巡り合うと、われわれはハッとする。その意識の実存的ありようを見せられ、大事なものに触れるからである。

ヤーロムが、かつて影響を受け、あるいは世話になった人たちの晩年に、最後まで会い続けること。それも、ときには西海岸から東海岸という長大な距離を跨いで。そのこと自体も、なかなかに実行し難く、我と我が身を振り返っても、冷や汗の出る思いである。このように、この本は読むうちにこちらを我に帰らせる。そのようにさせる喚起力がある。それは、死のテーマは、誰か他人のものでもなく、それにかかわる専門家のものでもない、この「私」のものである。彼がそう言っていることからやってくるのだろう。

本書は専門家向けという面を持ちつつも、一般書に軸足があるという前提で、翻訳・監修に際して、アメリカと日本の間にある、いわば文化や習慣の違い、つまり、立っている足場・前提の違いが実感されたときには、日本の読者にとってよりスムーズな理解のために、本文に若干の添削、注記をした。別の言い方をすれば、日本の読者には必ずしも必要ではないところ、逆に、ヤーロムによるその記述だけでは、日本の読者には伝わりにくいと思われるところ、などがそれに該当する部分である。

ヤーロムの文は、読んでの通り、勢いのあるものである。一方、彼の記述には、現今の人類学や宗教学など人文諸科学の理解するところからはズレているところも散見された。そのような場合には、監修者の責任において最小限の修正を施した。また、訳文については、共訳者ともども意見を交換し、最終的には監訳者の責任において決定した。

訳者紹介

宮川貴美子（みやがわ　きみこ）

1965 年生まれ。甲南大学大学院・人文科学研究科博士後期課程単位取得後退学，修士（文学），臨床心理学専攻。臨床心理士，スクール・カウンセラー，産業カウンセラー。〈翻訳〉アブラハム，トローク著『狼男の言語標本　埋葬語法の精神分析／付・デリダ序文』（共訳，法政大学出版局）。

饗庭千代子（あいば　ちよこ）

1944年生まれ。関西学院大学文学部仏文科修士課程修了。元甲南大学非常勤講師。〈著書〉『フランス文学 / 男と女と』（共著，勁草書房），『暴力の発生と連鎖』（共著，人文書院），『フランスと日本・遠くて近い二つの国』（共著，早美出版社）。〈翻訳〉バダンテール『男は女　女は男』（共訳，筑摩書房），ヴェルナン『ギリシア人の神話と思想』（上村と共訳，国文社）

上村くにこ（うえむら　くにこ）

1944 年生まれ。大阪大学文学部仏文科博士課程修了，パリ第四・ソルボンヌ大学博士号取得。甲南大学名誉教授。〈著書〉『恋愛達人の世界史』（中央公論新社），『失恋という幸福』（人文書院），『フランス流恋愛の作法』（PHP）。〈翻訳〉バダンテール『XY　男とはなにか』（共訳，筑摩書房），バダンテール『男は女　女は男』（饗庭と共訳，筑摩書房），ルナン『イエスの生涯』（人文書院）。

羽下大信（はげ　だいしん）

1949 年生まれ。広島大学大学院博士課程（教育心理学専攻）中退。臨床心理士，住吉心理オフィス主催。〈著書〉『サイコセラピストたち』（単著，神戸市外国語大学外国語学研究所），『心理臨床の森で』（単著，近代文芸社），『〈今〉を読む　消費至上主義の帰趨』（共著，人文書院）。〈翻訳〉ストロジャー『ハインツ・コフート』（共訳，金剛出版）。今回，編・監訳。

死の不安に向き合う
実存の哲学と心理臨床プラクティス

ISBN 978-4-7533-1134-7

羽下　大信　監訳

2018年5月28日　初版第1刷発行

印刷 ㈱太平印刷社　／　製本 ㈱若林製本

発行 ㈱岩崎学術出版社　〒101-0052 東京都千代田区神田小川町2-6-12
発行者　杉田　啓三
電話 03（5577）6817　FAX（5577）6837